基本5文型

英語には「語の並び方」にしっかりとしたルールがあります。「語の並び方」は基本的に5つの型（パターン）があり、これを「基本5文型」といいます。これは英文法の基礎の基礎ですから、下図を参考にして完璧に覚えましょう。動詞 (V) が何かによってほぼ文型が決まるので、動詞の理解は非常に重要です。

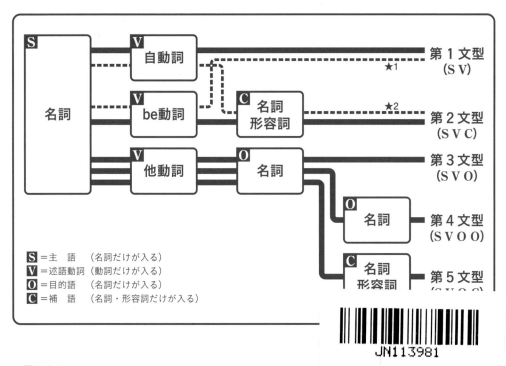

S = 主　語　（名詞だけが入る）
V = 述語動詞（動詞だけが入る）
O = 目的語　（名詞だけが入る）
C = 補　語　（名詞・形容詞だけが入る）

JN113981

■注意点

★1…「be動詞」は基本的に「第2文型」をとるが、「**存在（〜にある、〜にいる）**」の意味で使う場合は **第1文型**」をとる。例：My school **is** near the station.（私の学校は駅の近くに**ある**。）

★2…「自動詞」は基本的に「第1文型」をとるが、become〔〜になる〕、look〔〜に見える〕など、「**S＝C**」を表す自動詞は「**第2文型**」をとる。例：He **became** a doctor.（彼は医者に**なった**。）

■重要ポイント

＊各文型の後ろには、修飾語が来る場合も多いが、文型には直接関係ない。

＊基本的に、英語は主語で始まる。主語の前に副詞（のかたまり）などの修飾語が入ることもあるが、文型には直接関係ない。

＊上図の「名詞」の前後には、その名詞を修飾する様々な語（形容詞の働きをする語）が付く場合も多いが、それら全体で「名詞」のかたまりだと考えること。

＊以下の文は、上記の「基本5文型」の例外。そのまま覚えること。
　①「**There is[are]** .....」の文
　②「**It is** .....」の文
　③感嘆文（How ... (**S V**) !／What a[an] ... 〜 (**S V**) !）など

＊疑問文・否定文・命令文などは、この「基本5文型」が変形した文であるため、「例外」にはあたらない。

英文法
レベル別問題集
3 訂 版

5 上級編

東進ハイスクール・東進衛星予備校 講師
安河内 哲也
YASUKOCHI Tetsuya

まえがき

　受験生の皆さん，「英文法レベル別問題集」の世界へようこそ。このレベル別問題集シリーズは，「今の自分のレベルから無理なく始めて，志望校のレベルまで最短距離で実力を引き上げる」というコンセプトで作られています。

　また，すべての問題に一切の無駄を省いた的確な解説を付けることで，次々と解き進めるスピード感を保ちながら，自分のペースで独習できる問題集になるよう，さまざまな点に配慮して制作されました。

　どんな学習においても，スモールステップで，地盤を固めながら自分の実力レベルを引き上げていくことが，最も確実で，最も効率的な方法です。

　本シリーズでは，1冊で全レベルをカバーするのではなく，6段階（①～⑥）の「レベル別」の問題集にすることで，個人のレベルに応じた，きめの細かい効率的な学習を可能にしました。

　例えば，有名私大・国立大学を目指す人は，レベル③・④で基礎を固め，最終的にレベル⑤・⑥を学習すると良いでしょう。また，英語をもう一度基礎からやり直したいと考えている人は，レベル①・②から学習を始めてください。

　このように，右ページのレベル対照表などを参考にしつつ，自分の今のレベルと志望校レベルに合った学習をおすすめします。下は公立高校受験レベルから，上は難関大学入試レベルまで，皆さんの現段階のレベルに合わせて使用できるようになっています。

　なお，今回の改訂によって，デザイン・内容等が一新されました。本書の洗練された見やすさ・使いやすさ，そしてわかりやすさを実感していただければ幸いです。さらに，単に「文法問題を解いて終わり」にするのではなく，ぜひ，本書に新しく追加された音声や動画を活用して繰り返し音読してください。最終的には，本書の問題文（英文）を耳で聞いてすべてわかるようになることを目指しましょう。

　このレベル別問題集シリーズを1つずつこなしていくたびに，自分の英語力が確実に一段ずつ上がっていくのを感じることでしょう。ぜひ，本シリーズで皆さんの英語力を高め，合格への階段を一段ずつのぼってほしいと思います。

著者

▼志望校レベルと本書のレベル対照表

難易度※1	偏差値※1	志望校レベル※2 国公立大(例)	志望校レベル※2 私立大(例)	本書のレベル(目安)
難 ↑	~67	東京大	国際基督教大(教養),慶應義塾大(商,理工,看護医療),早稲田大(法,社会科,人間科,基幹理工,創造理工,先進理工)	⑥最上級編
	66~63	東北大	上智大(経済,総合グロ),青山学院大(文,経済,理工,社会情報),明治大(商,政経,文,農,経営,国際日本,総合数理),中央大(法,経済,商,理工,文,総合政策,国際経営,国際情報),同志社大(文,社会,商,経済,法,政策,文化情報,理工,スポ健,心理,グロコミュ,グロ地域,生命医科,神)	
	62~60	名古屋市立大(薬),千葉大,静岡県立大(国際関係学部)	東京理科大(理,工,創域理工など),法政大(経済,社会,現代福祉,理工,デザイン工など),学習院大(法,文,経済,国際社会科,理),武蔵大(経済,人文,社会,国際教養),中京大(国際,文,心理,法など),立命館大(法,産業社会),成蹊大(文,理工)	⑤上級編
	59~57	静岡大,高崎経済大,山形大,岐阜大,和歌山大,島根大,群馬大(情報学部,理工学部)	津田塾大(学芸,総合政策),関西学院大(文,社会など),獨協大(外国語,国際教養など),國學院大(文,神道文化,法など),成城大(社会イノベ,文芸など),南山大(人文,外国語など),武蔵野大(文,グローバルなど),駒澤大(文,経済,医療健康など),専修大(経済,法など),東洋大(文,理工など),日本女子大(文,家政,理)	④中級編
	56~55	高知大,長崎大,鹿児島大,福島大(人文社会学群,農学群)	玉川大(文,経営,教育など),東海大(文,文化社会,法など),文教大(文,経営,国際など),立正大(心理,法,経営など),西南学院大(商,経済,法など),近畿大(文,経済,経営など),東京女子大(現代教養),日本大(法,文理,経済など),龍谷大(文,経済,経営など),甲南大(文,経済,法など)	
	54~51	琉球大,長崎県立大,青森公立大,秋田県立大	亜細亜大(経営,経済など),大正大(文,仏教など),国士舘大(政経,法など),東京経済大(経営,コミュなど),名城大(経営など),武庫川女子大(文,教育など),福岡大(人文,経済など),杏林大(外国語など),京都産業大(経済など),創価大(教育など),帝京大(経済,文など),神戸学院大(経営,経済など)	③標準編
	50~	職業能力開発総合大	大東文化大(文,経済,外国語など),追手門学院大(法,文,国際など),関東学院大(経済,経営,法など),桃山学院大(経済,経営,法など),九州産業大(経済,商,国際文化など),拓殖大(商,政経など),摂南大(経済,経営,法など),札幌大(地域共創学群)	②初級編
	-	難関公立高校(高1・2生)	難関私立高校(高1・2生)	①超基礎編
易 ↓		一般公立高校(中学基礎~高校入門)	一般私立高校(中学基礎~高校入門)	

※1:主に文系学部(前期)の平均偏差値。偏差値は,東進模試によるおおよその目安です。

※2:このレベル対照表には,2021~2023年度の入試において文法問題が出題されていた大学・学部の一例を掲載しています。

改訂点と問題構成

発売以来多くの受験生から支持を集め，ベストセラーとなったこの「英文法レベル別問題集」ですが，さらにすぐれた問題集になるよう，以下の点を徹底的に追求して改訂を行いました。

● 主な改訂点 ●

①デザインを一新し，より見やすく，シンプルで使いやすい問題集にした。
②「ポイント講義」の内容を増補・加筆修正し，例文も豊富に収録した。
③復習も含めてこの1冊でできるように，音声・動画を追加した。

本シリーズは，旧版『英文法レベル別問題集【改訂版】』に引き続き，下記表のような問題構成になっています（収録している問題は，旧版と同一のものです）。英文法の全項目を，それぞれのレベルに合わせて何度も繰り返し学習することで，着実に得点力を上げていくことができるシステムになっています。

▶各レベルの文法項目と収録問題数

項目	①	②	③	④	⑤	⑥	合計
動詞	⑩	⑳	⑭	㉘	㉚	●	102問
時制	⑩	⑳	⑭	⑭		●	48問
助動詞	⑳	⑳		⑭		●	54問
受動態	⑳		㉘			●	48問
不定詞	⑳			㉘	⑩	●	82問
動名詞	⑳	⑩	㉘	⑭	⑦	●	79問
分詞	⑳		⑳	⑭	⑦	●	89問
分詞構文				⑭	⑥	●	48問
関係詞	⑳	⑳		㉘	㉚	●	126問
比較	⑳	⑳		㉘	㉚	●	126問
仮定法		⑩		㉘	㉚	●	96問
名詞・代名詞	⑳	⑳		㉘	㉚	●	98問
形容詞・副詞					㉚	●	30問
前置詞・接続詞				㉘	㉚	●	78問
否定					㉚	●	30問
その他	⑳	⑳	㉘	㉘	㉚	●	126問
合計	200問	200問	280問	280問	300問	310問	1570問

※赤丸数字は問題数。「動詞・時制」など，1レッスンに2つの項目がある場合は問題数を二分割して計算。
※中間テスト（各レベルに計45～60問あり）の問題数は含んでいません。
※レベル⑥の構成は文法項目ごとではない（問題形式ごとである）ため，問題数は表記していません。

レベル⑤の特徴

こんな人に最適！

☑ 英文法・語法を強力な得点源にしたい人

☑ 有名私大・上位国公立大合格を目指す人

☑ 有名・難関大学に通用する高度な英文法の力を身に付けたい人

レベル⑤の位置付け

　このレベル⑤では，大学受験に出題される**最も高度な英文法・語法**の問題を項目別に演習することによって，その実力を揺るぎない，完璧なものに仕上げていきます。

　複数の重要ポイントが同時に問われることも多いので，1つのパターンを単純にあてはめて解くだけではなく，じっくりと文の構造や意味を捉えて解答することが必要です。

有名大学の問題を解きまくる！

　有名大・難関大の問題では，非常にまぎらわしい選択肢が多く，「なんとなく」理解しているだけでは簡単に引っかけられてしまいます。このレベル⑤では，**「どうして正解なのか」「どうして間違いなのか」**ということを重視して解説してあります。設問や選択肢に対する鋭い目や，出題者の意図を見抜く力を磨いていきましょう。

英文法・語法はほぼ完璧！

　このレベル⑤の学習を終了すると，英文法・語法に関しては，**どんな大学の問題にも十分に対応できる力**が身に付きます。

　ただし，ここまでの学習は，あくまでも「関係詞」「比較」などの項目別の学習です。実際の大学入試・資格試験では，これらの項目が混ざって出題されるので，アトランダム・出題形式別配列のレベル⑥で知識をさらに磨き上げてから，試験場に行くことをおすすめします。

本書の使い方

❶ 問題を解く

　本書では，各レベルで必要な英文法を項目ごとに全10レッスンに分けています。各レッスンの最初に「学習ポイント」の講義があり，そのあと「問題」が収録されています。

● 本書全体の流れ ●

Lesson 01 ▶ Lesson 02 ▶ Lesson 03 ▶ Lesson 04 ▶ Lesson 05 ▶ Lesson 06 ▶ Lesson 07 ▶ Lesson 08 ▶ Lesson 09 ▶ Lesson 10 ▶ END

❶❷　❶❷　❶❷（中間テスト）❶❷　❶❷　❶❷（中間テスト）❶❷　❶❷　❶❷　❶❷（中間テスト）

❶ポイント講義

　各レッスンの最初に，そのレッスンで扱う内容について簡単な講義を行います。各レベルで，どの点に注意して学習を進めていけばよいのか，**学習のポイント**を明確にします。重要な語句・表現は，例文とセットで確認しましょう。

※3〜4つのレッスンごとに中間テストがあります。それまでに扱った文法項目の中から出題されるので，❶と❷を復習してから取り組みましょう。

❷問題

各レッスンの問題数は30問です。入試問題のデータベースから，レベル・項目に応じて必要な良問を厳選収録しています。問題には以下の3パターンがあります。

　　①空所補充問題…英文の空所を補う
　　②正誤問題………英文の誤りを指摘する
　　③整序問題………英文を正しく並べ替える
※問題の一部を改編した場合は〈改〉と記してあります。

【問題（左ページ）】
間違えたり理解できなかったりした問題は□にチェックし，あとで再チャレンジしましょう。

＝このレベルで頻出する問題

＝このレベルでは難しい問題

【解答（右ページ）】
しおりや赤シートで隠し，1問ずつずらしながら学習することもできます。

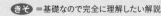＝基礎なので完全に理解したい解説

＝要注意事項を述べた解説

② 音声・動画で復習する

本書で学習した後は，付属の「**読み上げ音声**」と「**リスニング動画**」で復習しましょう。英文を繰り返し音読することで，リスニング力の向上にもつながります。**オーバーラッピング**（英文を見ながら音声と同時に音読する）や**シャドーイング**（音声を追いかけるように音読する）などに活用してください。

❶読み上げ音声の使い方

「問題」で出題されているすべての問題文（英文・和訳）の読み上げ音声を聴くことができます。音声はレッスンごとに分けられており，「問1英文→問1和訳→問2英文→問2和訳→…」の順に流れます。音声ファイルの名称は下記のようにつけられています。

<u>01</u> <u>LV5</u> <u>Lesson01</u> .mp3
トラック名 レベル レッスン

【音声の再生方法】

(1)**ダウンロードして聞く**（PCをお使いの場合）

「東進WEB書店 (https://www.toshin.com/books/)」の本書ページにアクセスし，パスワード「gWbLV5h6c」を入力してください。mp3形式の音声データをダウンロードできます。

(2)**ストリーミング再生で聞く**（スマートフォンをお使いの場合）

右のQRコードを読み取り，「書籍音声の再生はこちら」ボタンを押してパスワード「gWbLV5h6c」を入力してください。

※ストリーミング再生は，パケット通信料がかかります。

❷リスニング動画の使い方

画面に問題文（英文・和訳）が表示され，それに合わせて「問1英文→問1和訳→問2英文→問2和訳→…」の順に音声が流れます。再生される音声は❶の読み上げ音声と同じものです。

【動画の再生方法】

右のQRコードを読み取ると，専用ページにアクセスできます。*Lesson* 01〜*Lesson* 10が一覧になっているので，学習したいレッスンのURLを選んで視聴してください。専用ページをブックマーク（お気に入り）登録しておけば，本書を持ち歩かなくても復習ができます。

※本書に収録している音声は，アプリ「東進ブックスStore」の『英文法レベル別問題集【改訂版】』と同じ音声を使用しています。

① 超基礎編

01 動詞・時制
1 現在進行形　2 過去形
3 現在完了形

02 助動詞
1 shall を使った文
2 must の2つの意味
3 had better の用法

03 代名詞
1 所有代名詞　2 -thing形の名詞
3 人を表すさまざまな代名詞
4 再帰代名詞

04 受動態
1 受動態の作り方
2 受動態と時制　3 by ～ の省略
4 made の後ろの前置詞の違い
5 感情を表す受動態

05 比較
1 比較級・最上級の作り方
2 比較の重要構文
3 不規則変化をする形容詞・副詞
4 基数と序数

06 不定詞
1 不定詞の基本3用法
2 疑問詞＋不定詞
3 ... enough to V 構文
4 too ... to V 構文
5 不定詞のみを目的語にとる動詞

07 動名詞
1 動名詞のみを目的語にとる動詞
2 前置詞の後ろの動名詞
3 主語の位置に来る動名詞

08 分詞
1 過去分詞　2 現在分詞
3 分詞の位置

09 関係代名詞
1 主格 (who, which, that)
2 目的格 (whom, which, that)
3 所有格 (whose)

10 その他
1 期間を表す前置詞
2 不可算名詞の数え方
3 疑問詞を用いた文

動
時

② 初級編

01 動詞
1 自動詞と他動詞
2 第2文型　3 第5文型

02 助動詞
1 must not と don't have to の違い
2 助動詞の慣用表現
3 助動詞の推量の意味

03 不定詞・動名詞
1 不定詞の形容詞的用法
2 形式主語
3 動名詞のみを目的語にとる動詞

04 分詞
1 Ving (能動の関係)
2 Vpp (受動の関係)
3 V＋O＋分詞
4 Ving (現在分詞) と Vpp (過去分詞)

05 比較
1 比較級・最上級の作り方
2 比較級を使った基本表現
3 倍数表現　4 比較の強調
5 比較級・最上級で不規則変化を
　する形容詞・副詞

06 関係詞
1 関係代名詞　2 関係副詞
3 関係代名詞の what と that の違い

07 前置詞・接続詞
1 前置詞 on の用法
2 till[until] と by の違い
3 時を表すいろいろな前置詞
4 命令文, and[or] S V

08 時制・仮定法
1 副詞節の中の時制
2 現在完了形　3 仮定法

09 名詞・代名詞
1 another の用法　2 other の用法
3 不可算名詞　4 不定代名詞

10 その他
1 付加疑問文　2 感嘆文
3 注意すべき副詞

③ 標準編

01 動詞・時制
1 自動詞と間違えやすい他動詞
2 まぎらわしい自動詞と他動詞
3 時・条件の副詞節

02 受動態
1 受動態の基本形　2 群他動詞の受動態
3 受動態の進行形
4 感情を表す受動態
5 by 以外の前置詞が使われる受動態
6 受動態を使った書き換え

03 不定詞
1 不定詞の基本用法　2 形式主語
3 形式目的語　4 動詞＋O＋to V

04 動名詞
1 to Ving の熟語
2 動名詞のみを目的語にとる動詞
3 目的語が不定詞か動名詞かで意
　味の変わる動詞
4 受動態の動名詞・完了形の動名詞

05 分詞
1 「させる」という意味を持つ動詞
2 付帯状況の with
3 have ～ Vpp　4 get ～ Vpp
5 補語としての分詞

06 分詞構文
1 分詞構文の基本形
2 受動分詞構文　3 独立分詞構文

07 関係詞
1 関係代名詞の目的格
2 関係代名詞の what　3 関係副詞

08 比較
1 比較の強調
2 比較を使った最上級　3 倍数表現
4 that of ～ / those of ～

09 仮定法
1 仮定法過去　2 仮定法過去完了
3 未来のことに対する仮定法
4 仮定法の基本形　5 I wish .....

10 その他
1 another の用法
2 so＋be動詞[助動詞]＋S
3 疑問詞の how と what の違い
4 混同しやすい名詞
5 まぎらわしい前置詞

動
時

時
仮

時
動

─────▶ 1つ上のレベルでつながっている文法事項

┄┄┄┄┄▶ レベルをまたいでつながっている文法事項

もくじ ⊕学習記録

＊問題を解いた後は得点と日付を記入し，付属の「読み上げ音声」を聴いたり，「リスニング動画」を視聴したりして繰り返し復習しましょう。

● **本書で使用する記号** ●

S＝主語　　　V＝動詞（原形）　　O＝目的語　　C＝補語　　　S V＝文・節（主語＋動詞）
V_p＝過去形　　V_{pp}＝過去分詞　　Ving＝現在分詞（or 動名詞）　　to V＝不定詞
～＝名詞　　.../…＝形容詞or副詞　　...../……＝その他の要素（文や節など）
[ ]＝言い換え可能　　（ ）＝省略可能　※英文中の( )の場合
A／B＝対になる要素（品詞は関係なし）

LV5
STAGE-1

Lesson 01

Lesson 02

Lesson 03

準動詞

動詞の形を変えて他の品詞の働きをさせるのが準動詞。動名詞は名詞的な働き，不定詞は名詞・形容詞・副詞的な働き，分詞は形容詞的な働き，分詞構文は副詞的な働きをする。基本をしっかりと押さえたうえで，細かい用法にも気を配りたい。

1 準動詞のまとめ

　準動詞に関しては，まず全体を俯瞰しておくことが非常に重要。それぞれの準動詞はどういう形に変化し，どういう品詞の働きをするのだろうか。

● 動名詞 ●

動詞を -ing 形，つまり現在分詞形 (**Ving**) に変化させて名詞の働きをさせる。

　例 I love riding my motorcycle on weekends.
　　（私は週末にバイクに乗るのが好きだ。）

● 不定詞 ●

to＋V（動詞の原形）の形で，名詞や形容詞，副詞の働きをさせる。

☐ **名詞的用法**　　　　　　　　▶名詞の働きをする（Vすること）

　例 His favorite hobby is to watch cat videos and laugh all day long.
　　（彼の一番の趣味は，猫の動画を見て一日中笑うことだ。）

☐ **形容詞的用法**　　　　　　　▶名詞を修飾する（Vするための）

　例 He wanted to buy something to drink.
　　（彼は飲み物を買いたかった。）

☐ **副詞的用法**　　　　　　　　▶動詞を修飾する（Vするために）

　例 She came home early to watch her favorite TV program.
　　（彼女はお気に入りのテレビ番組を見るために早く家に帰ってきた。）

● 分詞 ●

現在分詞（Ving）や過去分詞（V_{pp}）の形で，形容詞の働きをさせる。現在分詞の場合には「Vしている」，過去分詞の場合には「Vされた」というような意味になる。一般的に，分詞が1語の場合には名詞の前に，2語以上の場合には名詞の後ろに置いて，名詞を修飾する。

☐ **現在分詞**

例 The hopping rabbit looked so happy.
（跳ねているうさぎはとても幸せそうに見えた。）

例 The rabbit hopping in the yard looked so happy.
（庭で跳ねているうさぎはとても幸せそうに見えた。）

☐ **過去分詞**

例 Someone left the broken umbrella in front of the door.
（誰かが壊れた傘をドアの前に置いていった。）

例 Someone left the umbrella broken in the typhoon in front of the door.
（誰かが台風で壊れた傘をドアの前に置いていった。）

● 分詞構文 ●

動詞を現在分詞（Ving）や過去分詞（V_{pp}）に変え，副詞的な働きをさせる。現在分詞の場合には「Vしているので，Vしながら」のような能動の，過去分詞の場合には「Vされたので，Vされながら」のような受動の意味になる。

☐ **現在分詞を使った分詞構文**

例 Walking in the rain, she started to feel like crying.
（雨の中を歩きながら，彼女は泣きたくなるような気持ちになり始めた。）

☐ **過去分詞を使った分詞構文**

例 Seen from a distance, the fake castle looked real.
（遠くから見ると，その偽物の城は本物に見えた。）

　このように，まずそれぞれの形と，どのような品詞の働きをするかということを押さえたうえで，個別の準動詞の重要ポイントを学習することが大切だ。

2 分詞構文

> **問** 人類は水を飲む生き物であるため，最初の共同体を，川や湖がそばにある森の外れに作った。
>
> The human species, _____ _____ , _____ _____ _____ _____ _____ the forest edge near streams and lakes.
>
> ① at   ② being   ③ developed   ④ the
> ⑤ earliest   ⑥ societies   ⑦ water drinkers
>
> 〔成城大（文芸）〕

　英文を組み立てる際には，まず主語と述語動詞という最も基本的な要素を探すところから始めるとよい。ここでは，まずThe human species developed the earliest societies at the forest edge near streams and lakes. という主文から組み立てていく。この完全な文に残りの選択肢を用いて，主語の直後に「，.....，」の形で挿入される副詞的修飾部分を組み込む。**分詞構文は副詞的な働きをするので，この部分に使うことができる。このように，分詞構文は文頭や文末だけではなく，文中に挿入されて使われることもある。**

答 ⇒ **2-7-3-4-5-6-1**

　　(The human species, being water drinkers, developed the earliest societies at the forest edge near streams and lakes.)

3 不定詞の副詞的用法

　不定詞には名詞的用法，形容詞的用法，副詞的用法があるが，副詞的用法は文脈に応じてさまざまな意味で捉えることができる。最も一般的なのは「**V するために**」という目的を表す意味だが，「**Vするので**」のように，ある感情になった理由を表す場合もある。

　特に注意すべきなのが，結果の意味で副詞的用法の不定詞を使う場合。例えば，I came to the theme park only to find it was closed.（テーマパークに来たが，閉まっているとわかっただけだった。）のような文では，この不定詞は「そして結局Vするだけだった」というような意味になり，結果を表す。結果を表す不定詞は，only to V「結局Vしただけだった」，never to V「その後Vすることはなかった」，wake up to find .....「目覚めると・・・・・だと気が付く」

などの表現で使うことがほとんどなので，熟語のように覚えておくとよい。
また，判断の根拠（「**V**するとは」などの意味）で使うこともある。

● **不定詞の副詞的用法** ●

①感情の理由，原因

例 I was surprised to find you here.
（あなたをここで見つけて驚いた。）

....

②結果

例 I woke up to find myself lying in the forest.
（目覚めると，私は森で横たわっているのに気が付いた。）

....

③判断の根拠

例 The high school students were kind to help the lost boy.
（迷子の少年を助けるとは，高校生たちは親切だった。）

---

4 分詞構文の時制のズレ

問 ☐☐☐ my homework, I was ready to go out.
　① Finish　　　　　② Finished
　③ Have finished　④ Having finished

　分詞構文というのは，「・・・・・ので」，「・・・・・とき」，「・・・・・ながら」のような
さまざまな意味で，現在分詞（**V**ing）や過去分詞（**V**pp）を副詞的に使うことだ
が，分詞構文の動詞が表す動作が主文の動詞の時点よりも前である場合に
は，having **V**pp という形の分詞構文が使われることがある。「宿題を終えてし
まった」のは「出かける準備ができていた」のよりも前のこと。このように，
having **V**pp という分詞構文を使うことで，その時点で完了している，もしく
はその動作を行ったのが，主文の動詞よりも前の時点であるということを表
すことができる。

　答⇒④（訳：宿題を終えてしまって，私は出かける準備ができていた。）

問 1：次の英文の空所に入れるのに最も適当なものを選べ。

頻出 □ **1** He raised our expectations only 　1　 them.

① being disappointed　　② disappointing

③ to be disappointed　　④ to disappoint

〔明治学院大（経・文）〕

難 □ **2** It is yet 　2　 whether this plan will succeed or not.

① impossible　　② unfinished

③ much to do　　④ to be seen

〔早稲田大（理工）〕

□ **3** The pavilion was 　3　 today, but it is still only half-finished due to a builders' strike.

① having been ready　　② getting ready

③ being ready　　④ to have been ready

〔英検準1級〕

□ **4** I am glad 　4　 when you needed my help.

① to have helped you　　② with helping

③ to help you　　④ that I can help you

〔英検準1級〕

□ **5** Dreaming may let us know if something is wrong, 　5　 us of hidden dangers.

① that warn　　② warn

③ warned　　④ warning

〔明治学院大（文・社）〕

□ **6** Nobody will willingly let one of these pretty homes, built by our forefathers four centuries ago, 　6　 into decay.

① fall　　② fell

③ fallen　　④ falling

〔同志社大（経）〕

答1 彼は私たちに期待させたが，結局裏切った。

　　　1 ⇒④ to disappoint

　　▶ **..... only to V**（・・・・・そして結局Vする）は，不定詞の副詞的用法の中で，最も注意すべき用法。**disappoint**は「（期待などを）**裏切る**」という意味の他動詞。空所の後ろの代名詞themはour expectationsを指し，disappointの目的語になっている。受動態の③では，目的語のthemは取れない。

答2 この計画がうまくいくかどうかはまだわからない。

　　　2 ⇒④ to be seen

　⚠️　▶ **be yet to V**は，「**まだVしていない**」という意味の不定詞の重要表現。**have yet to V**にも書き換えられる。Itは形式主語で，whether以下の名詞節を指す。①②③は，whether以下の節と意味的に合わない。

答3 展示館は今日できているはずだったが，建設者のストのためまだ半分しかできていない。

　　　3 ⇒④ to have been ready

　　▶ **be to V**は，予定，意志，運命，義務，可能を表す。ここでは，予定の意味で使われているが，後半から過去の実現しなかった予定だとわかる。過去に実現しなかった物事を表す場合は，**完了不定詞（to have V_{pp}）**を使う。

答4 あなたが私の助けを必要としているときに，あなたを助けられてよかった。

　　　4 ⇒① to have helped you

　　▶主文のamは現在形だが，when以下で「あなたを助けた」のは過去のことだとわかる。主文と準動詞の間に時制のズレが生じる場合，完了不定詞や完了動名詞などを使う。gladという形容詞の後ろには，普通は不定詞が来るので完了不定詞を使った①を選ぶ。②③④は時制のズレが示されていない。

答5 夢は，何か異常があるかどうかを知らせ，隠れた危険を警告してくれることがある。

　　　5 ⇒④ warning

　　▶ **warn A of B**（**A**に**B**を警告する）は重要表現。空所以下は副詞的な働きをする分詞構文で，現在分詞か過去分詞かは主節の主語との関係で決める。「夢は隠れた危険を警告する」という能動の関係から④を選ぶ。①はthatを関係代名詞と考えたとしてもカンマの後では使えない。②の原形動詞を使う場合は，原則としてandなどの接続詞を使って前の動詞と並べなければならない。

答6 私たちの先祖によって4世紀前に建てられた，これらの見事な家の1つを喜んで老朽化させようとする人はいないだろう。

　　　6 ⇒① fall

　きそ　▶ letという動詞は，**let ～ V**（～に**V**させてやる，～に**V**させておく）のように目的語＋原形不定詞を取る。目的語のoneに長い修飾語が続くので見抜きにくいが，builtからagoまでは分詞句で，these pretty homesを修飾している。fall into decayは「衰える」。

頻出 ☐ **7** ⬚ 7 ⬚ from a day's work, he went to bed much earlier than usual.

① Having exhausted　　　　② Exhausting

③ Exhausted　　　　　　　④ After exhausting

〔同志社大 (経)〕

☐ **8** There are a number of reasons why people can get disease ⬚ 8 ⬚ nutrition.

① connect　　　　　　　② connect with

③ connecting　　　　　　④ connected with

〔明治学院大 (経・文)〕

☐ **9** I've heard ⬚ 9 ⬚ that she's a tough businesswoman.

① it said　　　　　　　② it says

③ it saying　　　　　　④ been said

〔獨協大 (外)〈改〉〕

☐ **10** The movie was very ⬚ 10 ⬚ , so I stopped watching it.

① boring　　　　　　　② confusion

③ interesting　　　　　④ bored

〔上智大 (文)〕

難 ☐ **11** Don't let this important lesson ⬚ 11 ⬚ .

① be forgetting　　　　② be forgotten

③ forget　　　　　　　④ have forgotten

〔京都産業大 (経・理・工・外)〕

☐ **12** Whatever you may think about your aunt, it must be ⬚ 12 ⬚ in mind that your future depends on her attitude toward you.

① borne　　　　　　　② bore

③ born　　　　　　　　④ bearing

〔英検準1級〕

Answers

答7 1日働いて疲れきっていたので，彼はいつもよりずっと早く寝た。

きそ ▶分詞構文が現在分詞か過去分詞かは，主文の主語との関係で決める。**exhaust**は「**疲れさせる**」という意味の**他動詞**。主語である彼は「1日働いて疲れさせられた」わけだから③が正解。この文は，Having been exhausted という完了形の受動分詞構文の省略された形。①はbe動詞がないので，受動にはならない。

答8 人が栄養の関係の病気になる理由はたくさんある。

8 ⇒ ④ connected with

▶connect（関連づける）という他動詞の過去分詞が，disease という名詞を修飾している。本来 connect は，**connect A with B（AをBに関連づける）** という形で使うが，ここでは目的語のAが分詞によって修飾されたA connected with B（Bと関連したA）という形になる。他動詞の過去分詞が名詞を修飾する場合，修飾される名詞がその他動詞の目的語の働きをすることを理解しよう。

答9 私は，彼女が気丈なビジネス・ウーマンと言われているのを耳にしている。

9 ⇒ ① it said

▶①②③の先頭にあるitは，that節を指す形式目的語。hearなどの知覚動詞の後ろに目的語＋準動詞が続く場合，目的語と準動詞の間に主述関係があるので，目的語を基準に能動か受動かを考える。that以下の内容は「言われる」という受動の関係があるので，①を選ぶ。

答10 その映画はとても退屈だったので，私は見るのをやめた。

10 ⇒ ① boring

▶後半から「映画が面白くなかった」ことを推測し，まず③を消去。「非常に」という意味のveryは形容詞や副詞を修飾するので，名詞の②も不可。**bore**は「**退屈させる**」という意味の**他動詞**。「映画は退屈させる」という能動の関係から，現在分詞から派生した形容詞の①が答え。

答11 この大切な教訓を忘れるな。

11 ⇒ ② be forgotten

⚠ ▶**let**は，**目的語＋原形不定詞を取る**使役動詞。使役動詞＋目的語＋準動詞の文には，目的語と準動詞の間に主述関係がある。ここでは，「大切な教訓は忘れられる」という受動の関係があるので，空所には②が入る。

答12 おばのことをどう思おうが，あなたの将来は彼女のあなたに対する気持ち次第だということをしっかりと覚えておきなさい。

12 ⇒ ① borne

▶itは，that以下を指す形式主語。that以下は「心に留められなければならない」のだから，過去分詞を用いて受動態にする。**bear ～ in mind**は，「**～を心に留める**」という意味の重要表現。動詞bearはbear-bore-borneと活用するので，①が正解。ただし，「生まれる」の意味のときのみ過去分詞はbornを使う。

Lesson

01

準動詞

◆ ☐ **13** The significant changes ☐ 13 ☐ humans have occurred in only the last two hundred years.

    ① bring about   ② bringing about

    ③ brought about   ④ brought about by

〔獨協大(外)〕

☐ **14** Not ☐ 14 ☐ through an ordeal, our young democracy is not yet fully proven.

    ① having passed   ② passing

    ③ passed   ④ having to pass

〔英検準1級〕

☐ **15** You mustn't miss ☐ 15 ☐ this wonderful film.

    ① in seeing   ② seeing

    ③ to have seen   ④ to see

〔慶應義塾大(経)〕

☐ **16** Something is wrong with the engine. I'm afraid it ☐ 16 ☐ .

    ① must repair   ② needs to repair

    ③ needs repairing   ④ is necessary to repair

〔同志社大(工)〕

頻出 ☐ **17** My mother objected ☐ 17 ☐ the mountain alone.

    ① to my climbing   ② on my climbing

    ③ for me to climb   ④ me in climbing

〔南山大(外国語)〕

☐ **18** She bitterly regretted ☐ 18 ☐ into music.

    ① that she should have gone   ② to have gone

    ③ to have not going   ④ not having gone

〔獨協大(外)〕

答13 人間によってもたらされた重要な変化は，このたった200年間で起こっている。

  13 ⇒④ brought about by

⚠️ ▶文全体の主語はThe significant changes，述語動詞はhave occurred。空所＋humansは後ろから主語を修飾している。「変化はもたらされる」という受動の関係から過去分詞の③④に絞る。bring aboutは，2語で1つの他動詞の働きをする群他動詞。changes brought about（もたらされた変化）の後にhumansを直接置くのは形・意味の両方から無理なので，by（～によって）を使った④が正解。

答14 厳しい試練を経験していないので，われわれの新しい民主主義はまだ完全に証明されたとはいえない。

  14 ⇒① having passed

▶文全体から，われわれの民主主義が証明されていないのは「過去に」試練を経ていないからだという時制のズレを捉える。**分詞構文が主文の時制よりも過去のことを表す場合には，having V_{pp} という完了形の分詞構文を使う。** 主文の主語democracyとpassの間に受動の関係はないので，③の受動分詞構文は不可。

答15 あなたはこのすばらしい映画を見逃してはならない。

  15 ⇒② seeing

きそ ▶ **miss**は，**mind, enjoy, finish**と同様に，不定詞ではなく**動名詞のみを目的語に取る他動詞**。ここでのmiss Vingは「Vし損なう」の意味。ここでは，②を選べばよい。

答16 エンジンの調子が何かおかしい。修理しなくてはならないようだ。

  16 ⇒③ needs repairing

▶ **need Ving（Vされる必要がある）のVingは受動的な意味を持ち，need to be V_{pp}やwant Vingに書き換えられる。** 似た使い方をする表現に他に**deserve Ving（Vされる価値がある）** があり，**deserve to be V_{pp}** と書き換えられる。

答17 母は，私が1人で山を登ることに反対した。

  17 ⇒① to my climbing

▶ **object to Ving**は，「**Vすることに反対する**」という意味の重要表現で，この表現でのtoは前置詞，Vingは動名詞。動名詞の意味上の主語を表す場合，所有格や目的格が使われるが，ここでは所有格のmyが使われている。

答18 彼女は音楽をやらなかったのをひどく後悔した。

  18 ⇒④ not having gone

▶ regretは，不定詞を取るか動名詞を取るかで意味が異なる。**regret to Vは「残念ながらVする」，regret Vingは「Vしたことを後悔する」。** 動名詞の内容が過去であることをはっきり示す場合には完了動名詞を使う。ここでは，過去のことを後悔しているので④が正解。①は現在を起点に過去のことを後悔するような場合に使われる表現で，regretの意味と重複するので不可。

☐ **19** Mr. Tanaka doesn't enjoy teaching ☐ 19 ☐ .

① to read   ② read

③ reading   ④ his students read

〔同志社大 (工)〕

頻出 ☐ **20** I remember ☐ 20 ☐ home on a pickup truck last Sunday.

① ride   ② riding

③ to have ridden   ④ to ride

〔慶應義塾大 (経)〕

問 2 : 次の英文の下線部のうち，誤った英語表現を含む番号を選べ。

☐ **21** Do you mind ①letting me knowing if ②your family is going to ③take a trip to my hometown ④this coming summer?

誤り = ☐ 21 ☐   〔同志社大 (文)〕

☐ **22** The French soon ①got used ②to think ③of France ④as the center of the world.

誤り = ☐ 22 ☐   〔法政大 (工)〕

☐ **23** In Britain ①all children have to go to school between the ages of 5 and 16. In the U.S. children must go to school ②from the age of 6 to between the ages of 14 and 16, ③depends on the state ④they live in.

誤り = ☐ 23 ☐   〔上智大 (外)〕

答**19** 田中氏は読書を教えるのを楽しんではいない。

19 ⇒③ reading

▶ teach という動詞は，原形不定詞を取らないので②④は不可。teach ～ (how) to V（～にVすることを教える）という不定詞を使った形は目的語が必要なので①も不可。reading（読書）という動名詞から生まれた名詞を teaching の目的語にすればよい。Ving が重なるが，文法的に合っているので問題ない。

答**20** 私は先週の日曜日，家まで小型トラックに乗ってきたのを覚えている。

20 ⇒② riding

▶ remember は，目的語に不定詞を取るか動名詞を取るかで意味が変わる。**remember to V**は「**忘れずにVする**」，**remember Ving**は「**Vしたのを覚えている**」。この場合，不定詞には未来的な意味合い，動名詞には過去的な意味合いがある。ここでは，過去の内容を思い出しているので，動名詞の②が答え。

答**21** あなたのご家族がこの夏，私の故郷へ旅行に行くつもりかどうか教えていただけませんか。

21 ⇒① knowing → know

きそ ▶ **let は目的語＋原形不定詞**をとり，許可や放任を表す。knowing を原形の know にする。**let 人 know**は，「**人に知らせる**」という意味。

答**22** フランス人は，フランスを世界の中心と考えるのにすぐに慣れた。

22 ⇒② to think → to thinking

⚠ ▶ **get used to Ving（Vするのに慣れる）**は，動名詞を用いた重要表現。これを不定詞と勘違いして，to の後ろに原形の動詞を置かないように注意しよう。ここでは，think を動名詞の thinking にすればよい。

答**23** イギリスでは，子供はみんな5歳から16歳まで学校に行かねばならない。アメリカでは，住んでいる州によって異なるが，子供は6歳から14～16歳まで学校に行かねばならない。

23 ⇒③ depends on → depending on

▶ In the U.S. ..... の文は，children を主語，must go を述語とし，16 までで完結している。この直後に depends という動詞は置けないので，depending on とする。**depending on ～** は，「**～次第で**」という意味の句前置詞。

24 After classes I ①usually go to ②a nearby tennis court ③for playing tennis with ④some friends of mine.

誤り＝ ┌─24─┐

〔明治大（政経）〕

25 Occasionally we ①read about someone who ②starves to death, and ③is found to have thousands of dollars ④stuffing under mattresses or in cupboards.

誤り＝ ┌─25─┐

〔慶應義塾大（商）〕

問3：日本文に合う英文になるように選択肢の語を並べ替え，空所に入るものを選べ。

【頻出】**26** 必要な出費を補うのに十分なお金を集めるには2日かかった。

_____ _____ ┌─26─┐ _____ _____ ┌─27─┐ _____ the necessary expenses.

① it   ② to get together ③ took   ④ enough money
⑤ a couple of days ⑥ to   ⑦ cover

〔関西外語大〕

27 彼の行動の結果がどうなるかは後になってみないとわからない。

The result _____ _____ ┌─28─┐ _____ ┌─29─┐ _____ .

① of   ② seen   ③ still remains ④ to
⑤ his action ⑥ be

〔関西大（文）〕

【難】**28** これまでに与えられた中で最善のアドバイスは，アドバイスを受け入れる必要はないというアドバイスである。

The best _____ ┌─30─┐ _____ _____ ┌─31─┐ _____ don't have to take advice.

① you   ② given   ③ is   ④ that
⑤ ever   ⑥ advice

〔立教大（経－経）〕

答24 授業の後で普段私は何人かの友人たちと一緒にテニスをするために近くの
テニスコートへ行く。

24 ⇒③ for playing → to play

▶「Vするために」(目的)を表すには，副詞的用法の不定詞を使う。for Vingをこ
の意味で使うのは一般に誤りなので，注意が必要。

答25 われわれは時々，餓死した後でマットレスの下や戸棚の中に何千ドルも詰
め込んで持っているのを発見される人の話を読むことがある。

25 ⇒④ stuffing → stuffed

▶ stuffは「詰め込む」という意味の他動詞で，直前のthousands of dollarsとの間
には「何千ドルものお金が (マットレスの下や戸棚の中に) 詰め込まれている」と
いう受動の意味があるので，過去分詞のstuffedが正しい。

答26 It took **a couple of days** to get together enough money **to** cover the
necessary expenses.

26 ⇒⑤ 27 ⇒⑥ (1-3-**5**-2-4-**6**-7)

(きそ) ▶「〜がVするのに時間がかかる」は **it takes**（人）**時間 to V**，同様に「〜がVする
のにお金がかかる」は **it costs**（人）**金 to V**を使う。ここでのcoverは「賄う」とい
う意味で，to cover以下はmoneyを修飾する形容詞的用法の不定詞。

答27 The result of his action **still remains** to be seen.

28 ⇒③ 29 ⇒⑥ (1-**5**-3-4-**6**-2)

▶ remainは，後ろに補語を置いて「**C**のままである」，完全自動詞として「残って
いる」などの使い方が一般的だが，受動態の不定詞を置いて **remain to be V$_{pp}$** と
いう形で「**まだVされないでいる**」という意味で使われることがある。

答28 The best advice **ever** given is **that** you don't have to take advice.

30 ⇒⑤ 31 ⇒④ (**6**-**5**-2-3-**4**-1)

▶主語にadvice，述語動詞にis，補語にthat節を置き，ever givenがadviceを**後置
修飾**する形を作る。ever, still などの副詞は過去分詞の前に置くことにも注意。

☐ **29** 考え事をしながら歩いていて, 気が付いてみると知らない街に入り込んでいた。

Walking ＿＿ ＿＿ 〔32〕 ＿＿ ＿＿ 〔33〕 ＿＿ ＿＿ an
unknown street.

① found   ② I   ③ in   ④ onto

⑤ lost   ⑥ myself   ⑦ thought   ⑧ turning

〔近畿大 (商経)〕

☐ **30** 彼と言い争わずに済む唯一の方法は彼に同意することだ。(1語不要)

The only way to ＿＿ 〔34〕 ＿＿ ＿＿ 〔35〕 ＿＿ agree
with him.

① to   ② him   ③ with   ④ for

⑤ is   ⑥ arguing   ⑦ avoid

〔立教大 (法)〕

答29 Walking lost in thought I found myself turning onto an unknown street.

[32] ⇒ ⑦ [33] ⇒ ⑥ (5-3-7-2-1-6-8-4)

⚠️ ▶ Walking lost in thoughtが分詞構文で，以下に主節が続く。**lost in thought**は「思考に没頭させられながら」，つまり「**考えにふけりながら**」という付帯状況の意味で使われている。**find oneself** Ving（**自分自身がVしているのに気づく**）は，**find O C**という**第5文型のC**に現在分詞が使われた表現。

答30 The only way to avoid arguing with him is to agree with him.

[34] ⇒ ⑥ [35] ⇒ ⑤ (7-6-3-2-5-1) 不要＝④ for

▶ **avoid**は，**mind，enjoy，finish**と同様，**動名詞だけを目的語に取る動詞**で，avoid Vingは「**Vしないようにする**」という意味。文全体の主語The only wayに対応する述語をisとし，後ろに名詞的用法の不定詞を置けば，「唯一の方法＝彼に同意すること」という第2文型の関係が成り立つ。

REVIEW

英語が得意になるためには，英文法を理解したうえで，それらを考えなくても使いこなせるほど頭に染み込ませることが大切です。分詞や分詞構文の能動と受動の使い分けについても，始めは難しく感じるかもしれませんが，何度も例文を声に出して読んでいると，よく使われるパターンが頭に入り，理解しやすくなりますよ。

基本的な比較の方法を学んだ後のこのレベルでは，比較のさまざまな表現を使い
こなせるようになることが非常に重要。さまざまな形で出題される慣用表現をし
っかりと理解して記憶しておくこと。特に，表面的な意味を覚えるだけでなく，
頭の中でイメージをしながら記憶するということが大切。問題を解きながら，理
解を深めていこう。

❶ as ... as any ～

> 問　English is as fine a means of communication ☐ in the
> world.
> ① as many　　　　　　② as much
> ③ as nothing　　　　　④ as any
>
> 〔英検準1級〕

as ... as any ～（どんな～と比べても同じくらい…だ）は，最上級の代用
として「**他のどんな～よりも劣らず…**」という意味で使うことができる。こ
の文を最上級で書き換えると，English is the finest means of communication
in the world. となる。

答⇒④（訳：英語は世界中で最もすばらしいコミュニケーションの道具だ。）

❷ 否定＋比較級

> 問　私にとって彼と語り合うほど楽しいことはない。（1語不要）
>
> ＿＿＿ ＿＿＿ ＿＿＿ ＿＿＿ ＿＿＿ ＿＿＿ to talk with
> him.
> ① anything　② delightful　③ for　　　④ is
> ⑤ me　　　　⑥ more　　　　⑦ nothing　⑧ than
>
> 〔東京理大（理）〕

否定と**比較級**，または**否定**と**as ... as ～** の組み合わせで，**最上級**と同じ
ような意味を表すことができる。ここでは，「彼と話すことより楽しいことは
ない」，つまり「彼と話すのが一番楽しい」という最上級と同じような意味合
いが生まれる。

この文を，as ... as ～ を使って書き換えるとNothing is as delightful for me as to talk with him. となり，最上級を用いて書き換えるとIt is the most delightful for me to talk with him. となる。

答⇒ **7-4-6-2-3-5-8　不要＝ 1**

(Nothing is more delightful for me than to talk with him.)

● **否定＋比較級，否定＋as ... as ～ を使った最上級の書き換えの例** ●

①**最上級**

　例 Charles runs the fastest in the class.
　　（チャールズはクラスで一番速く走る。）

②**否定＋比較級**

　　= No one in the class runs faster than Charles.

③**否定＋as ... as ～**

　　= No one in the class runs as fast as Charles.

---

3 none the 比較級 for ～

問　彼女はその治療にもかかわらず少しもよくならなかった。（3語不要）

She was ＿＿＿ ＿＿＿ ＿＿＿ ＿＿＿ the treatment.

① better　　　② for　　　③ none　　　④ of

⑤ spite　　　⑥ the　　　⑦ well

〔東京理大（理）〕

---

none the 比較級 for ～ は，「～があっても少しも…ない」という意味の比較を用いた重要表現。後ろに節が続く場合には，**none the 比較級 because S V**（SがVするにもかかわらず少しも…ない）となる。

同じくよく使われる表現に**none the less for ～** があるが，これは「～があっても少しも度合いが落ちることがない」という二重否定により，「～にもかかわらず」という肯定の意味になる。これらの反対にあたる表現が，**all the 比較級 for ～**（～なのでますます…）。これも後ろに節が続く場合には，**all the 比較級 because S V**（SがVするのでますます…）となる。

答⇒ **3-6-1-2　不要＝ 4, 5, 7**

(She was none the better for the treatment.)

● none the 比較級, all the 比較級 ●

☐ **none the 比較級 for ～**　　＝～があっても少しも…ない

　例 She is none the wiser for her excellent tutors.
　（彼女は優れた家庭教師がいても，少しも賢くなっていない。）

- -

☐ **none the 比較級 because S V**　　＝SがVするにもかかわらず少しも
　　　　　　　　　　　　　　　　　　　　…ない

　例 The movie was none the worse because they had watched it
　　 before.
　（彼らはそれを前に見たことがあったにもかかわらず，その映画は少しもつまらなく
　　なることはなかった。）

- -

☐ **none the less for ～**　　＝～にもかかわらず

　例 I trust him none the less for his past failures.
　（彼の過去の失敗にもかかわらず，私は彼を信用している。）

- -

☐ **all the 比較級 for ～**　　＝～なのでますます…

　例 She loves her son all the more for his good character.
　（彼女は彼の良い性格のために，ますます息子のことを愛している。）

- -

☐ **all the 比較級 because S V**　　＝SがVするのでますます…

　例 The runner ran all the harder because he wanted to get the
　　 first prize.
　（その走者は一等賞を取りたかったので，ますます一生懸命走った。）

---

4 as ... as ～

　as ... as ～ は強調する意味でも使われることが多い。例えばHe is as young as thirteen.は「彼は13歳の若さだ。」という意味になり，若さを強調することができる。このように，as ... as ～ を使って，間に入った形容詞や副詞を強調することができるわけだ。

　だから，例えば**as many as 数量＋可算名詞**となれば「（数量）ほど多くの（可算名詞）」という意味に，**as much as 分量 of 不可算名詞**というと「（分量）ほど多くの（不可算名詞）」という意味になり，名詞の数量や分量が多いことが強調される。

●── as many as ～，as much as ～を使った強調 ──●

☐ **as many as 数量＋可算名詞**

例 As many as 500 people attended the concert in the park.

(500 人もの人々が公園でのコンサートに参加した。)

....

☐ **as much as 分量 of 不可算名詞**

例 He drank as much as three liters of water during the marathon.

(マラソンの間，彼は 3 リットルもの水を飲んだ。)

---

5 同一物・人物内での比較

　ある 1 つの物やある 1 人の人の中で，「その部分が一番…だ」という場合には，最上級でも the を付けずに表現する。他の複数の物と比較するような通常の最上級とは，the が付くかどうかで判別することができる。

●──── 同じ物・人の中での比較 ────●
---

①同一物内での比較

例 This lake is deepest at this point.

(この湖はこの部分が一番深い。)

cf. 他の物との比較

This lake is the deepest of all the lakes in this country.

(この湖はこの国のすべての湖の中で一番深い。)

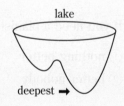

lake

deepest ➡

....

②同一人物内での比較

例 I'm busiest at nine in the morning.

(私は朝の 9 時が一番忙しい。)

cf. 他の人物との比較

I'm the busiest of all the people here.

(ここにいる全員の中で私が一番忙しい。)

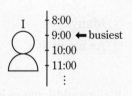

I

8:00
9:00 ◀ busiest
10:00
11:00
⋮

問1：次の英文の空所に入れるのに最も適当なものを選べ。

頻出 ☐ **1** Jeff and Jenny saved ☐1☐ they could to visit their uncle in Hawaii.

① as a lot of money as　　② as much money as
③ money as a lot as　　　④ money as possible as

〔センター試験〕

☐ **2** Hiroko has seen as many foreign movies ☐2☐ in her class.

① as anybody　　② as nobody
③ so anybody　　④ than anybody

〔センター試験（追）〕

☐ **3** The population of San Francisco is ☐3☐ that of Tokyo.

① less of one tenth than　　② less than one tenth of
③ less than one tenths　　　④ tone tenth less

〔センター試験〕

難 ☐ **4** If you need a pianist, there's ☐4☐ than my brother.

① nothing better　　② none better
③ better nobody　　④ anybody better

〔英検準1級〕

☐ **5** ☐5☐ 1100 people live on each square mile of land in that country.

① Many　　　　② So many
③ As many as　④ So much as

〔慶應義塾大（経）〕

☐ **6** Paul would have paid ☐6☐ if necessary because he really wanted it badly.

① twice as much　　② as much twice
③ times two　　　　④ much twice

〔英検準1級〕

答1 ジェフとジェニーはハワイのおじを訪ねるため，できるだけたくさん貯金した。

　　　　1 ⇒② as much money as

⚠ ▶ **as … as possible** や **as … as ～ can** は，「（～に）できるだけ…」という意味の重要表現。程度を表すasという副詞は，much などの形容詞や副詞は修飾できるが，a lot of などの形容詞相当表現には使えないので①③は不可。④は語順が違う上に possible と they could の意味が重複する。②が正解。

答2 ヒロコはクラスの誰よりも多く外国映画を見ている。

　　　　2 ⇒① as anybody

▶ **as … as any ～**（他のどんな～よりも劣らず…）は，最上級と似た意味を持つ比較の重要構文。最上級の代用として使う表現には他に，比較級 than any other ～（他のどんな～よりも…）などがある。

答3 サンフランシスコの人口は，東京の 10 分の 1 より少ない。

　　　　3 ⇒② less than one tenth of

▶ less は little の比較級で，「より少ない」という意味になり，後ろに比較対象を続ける場合には than を使う。また，「～の 10 分の 1」は，one tenth of ～ と表す。比較するものの種類を統一するために，the population という名詞の代わりに代名詞のthat が使われていることにも注意したい。

答4 ピアニストが必要なら，うちの兄が最適だ。

　　　　4 ⇒② none better

▶ 否定と比較で最上級のような意味を表すことができる。例えば「私の兄より優れている人間はいない」は，「私の兄が一番優れている」という意味になる。better は形容詞good の比較級で，than 以下を伴う場合は後ろから修飾するので③は不可。「兄」は人間なので，nothing ではなく none という否定の代名詞を使う。

答5 あの国では 1100 人もの人が 1 平方マイル（の土地）に暮らしている。

　　　　5 ⇒③ As many as

きそ ▶ 量や数を「～も」と強調する場合，**as many as 可算名詞** や **as much as 不可算名詞** を使う。people は複数扱いの可算名詞。as … as ～（～ほども…）は強調表現としても用いられ，**no less than ～** とも書き換えられる。

答6 ポールはそれをどうしようもないほど欲しかったので，必要ならば倍のお金を払っただろう。

　　　　6 ⇒① twice as much

▶ 倍数は，**倍数 as … as ～**（～の□倍…）という表現を使い，倍数の部分は **twice**（2倍），**～ times**（～倍）などで表す。文脈から比較対象が明確な場合には，as ～ の部分を省略することもある。正解の① twice as much の後ろには，as the normal price が省略されていると考えられる。

7 Health is more precious than anything else, but nothing is ☐7 valued.

① less   ② more

③ the least   ④ the most

〔英検準1級〕

頻出 **8** The number of people attending ☐8 than I had expected.

① was more large   ② was many greater

③ was much larger   ④ was more greater

〔英検準1級〕

9 Bill said that he loved her ☐9 her faults.

① all the same because   ② no more with all

③ none the less for   ④ no less than

〔同志社大(工)〕

10 Work is not, ☐10 play, the only object of life.

① any more than   ② more or less than

③ more than   ④ no less than

〔明治学院大(文・社会)〈改〉〕

11 Human beings can live up to 40 days without food, but ☐11 more than 7 days without water.

① much   ② still

③ any   ④ no

〔慶應義塾大(理工)〕

12 Of the three sisters, Jane was ☐12 singer.

① the better   ② a better

③ the best   ④ a best

〔獨協大(外)〕

Answers

答7 健康ほど大切なものはないが，これほど軽視されるものもない。

　　　7 ⇒ ① less

⚠ ▶前半が「健康は他の何よりも大切だ」というプラスの内容なので，逆接の接続詞 but 以下はマイナスの内容だと予測する。valued の後ろに than health の省略があると考えれば「（大切であるにもかかわらず）健康より価値が置かれていないものはない」，つまり健康が一番軽視されているという最上級のような文になる。

答8 出席者の数は私の予想をはるかに上回った。

　　　8 ⇒ ③ was much larger

▶number という名詞の多さは，large，great などを使って表す。large の比較級は larger なので①は不可。**比較級を強調する場合，much，far，a lot，still，even，yet，by far** などを使う。**可算名詞の数を強調する場合のみ，**many more dogs（はるかに多くの犬）というように many を使う。正解は③。

答9 ビルは彼女に欠点があるにもかかわらず彼女を愛していると言った。

　　　9 ⇒ ③ none the less for

▶**none the 比較級 for 〜** は，「〜があっても少しも…ない」という意味の重要表現。「彼女に欠点があっても少しも愛する気持ちは減らない」と考えて③を選ぶ。for 〜 ではなく節を後ろに続ける場合は，because S V を使う。**none the less for 〜** で「**〜にもかかわらず**」という慣用表現として覚えておこう。

答10 仕事は遊び同様に人生の唯一の目的ではない。

　　　10 ⇒ ① any more than

▶**〜 is not A any more than B** は，「**〜は B と同様に A ではない**」という意味の重要表現で，**〜 is no more A than B** とも書き換えられる。もともと，Work is not the only object of life any more than play. だったと考えてみよう。カンマの間に副詞句が移動，挿入されて文が複雑になっている。

答11 人間は食べ物なしでも40日間生きられるが，水なしでは7日間しか生きられない。

　　　11 ⇒ ④ no

▶文脈から，後半は「水なしでは7日間しか生きられない」となることを推測する。「〜しか」は **no more than 〜** で，**only 〜** にも書き換えられる。この逆が **no less than 〜**（〜も）で，**as many[much] as 〜** と書き換えられる。

答12 3人姉妹の中で，ジェーンが一番歌がうまかった。

　　　12 ⇒ ③ the best

▶前置詞 of は**最上級**と共に使われ，「**（複数の）〜の中で一番…**」という意味になる。ここでは3人の中で一番歌がうまい人は1人なので，特定のものを表す定冠詞 the と最上級の組み合わせである③を選べばよい。

Lesson 02 比較

☐ **13** John looks 　13　 when he is cooking.

① happiest   ② the happier

③ the happiest   ④ the happy

〔慶應義塾大 (経)〈改〉〕

◆難 ☐ **14** The better 　14　 , the greater will be your chance of success.

① are you prepared   ② prepared are you

③ prepared you   ④ prepared you are

〔明治学院大 (文・経済)〈改〉〕

☐ **15** It was a beautiful, sunny day. The weather couldn't have been 　15　 for a picnic.

① worse   ② worst

③ better   ④ best

〔南山大 (外)〕

頻出 ☐ **16** The spectators got 　16　 excited over the unexpected result of the game.

① all the more   ② more and less

③ as much as   ④ more or less

〔京都外語大 (英米)〕

頻出 ☐ **17** I am no 　17　 able to operate this machine than he is.

① far   ② much

③ very   ④ more

〔中央大 (経)〕

☐ **18** It is true that love is important. Still, money is 　18　 important.

① much   ② little

③ no more   ④ no less

〔龍谷大 (文・経営・理工・社)〕

Answers

答13 ジョンは料理をしているときが一番幸せそうに見える。

⌐13⌐ ⇒ ① happiest

▶この文では，ジョンという1人の人間のさまざまな場面における感情を比較している。このように，**同一人物内での比較を表すには，最上級であっても the を付けない**。②は the があるうえ，比較対象がはっきりしないので不可。

答14 準備すればするほど，あなたの成功の可能性は高くなっていくだろう。

⌐14⌐ ⇒ ④ prepared you are

▶ **the 比較級 S_1 V_1, the 比較級 S_2 V_2** は，「…であればあるほど…である」という意味で比例関係を表す。前半は you are well prepared だったが，well prepared が比較級の better prepared になり，the を伴って文頭に移動したと考える。比較級の better が直接修飾する形容詞の prepared も文頭に移動しなければならないので①は不可。主語と動詞の語順が逆の②，動詞がない③も不可。この文のように，後半の比較級の後ろは疑問文のような倒置の語順になることがある。

答15 すてきな，晴れわたった日だった。ピクニックにはこの上なく最適な天気だった。

⌐15⌐ ⇒ ③ better

⚠ ▶「それ以上すばらしいものはありえない」という意味で，**couldn't be better（最高だ）**という慣用表現が使われる。この could は，仮定法的な意味を持った推量の助動詞。過去の美しく晴れた日に言及しているので，couldn't have been better（最高だった）という完了の形が使われている。

答16 予期しなかった試合の結果に，観客はますます興奮した。

⌐16⌐ ⇒ ① all the more

▶何かに比例して度合いが高まるときには，**all the 比較級 for ～（～なのでますます…）** や **all the 比較級 because S V（S が V するのでますます…）** を使う。ここでは，「～に関して」という意味で前置詞 over が使われている。④ more or less（多かれ少なかれ）や③ as much as（～も）は意味的に合わない。② more and less は「より多くそしてより少ない」というおかしな意味になる。

答17 私は彼と同様に，この機械を操作できない。

⌐17⌐ ⇒ ④ more

▶ **no more ..... than ～（～と同様に‥‥ない）** は，明らかに否定であることになぞらえて何かを否定する表現。「～」には節を置く。「機械が使えない彼と比べてもそれ以上に機械が使えない」から，「彼と同様に機械が使えない」という意味になる。肯定の場合は，**no less ..... than ～（～と同様に‥‥）** を使う。

答18 確かに愛は重要である。しかし，お金もそれと同様に重要なのである。

⌐18⌐ ⇒ ④ no less

▶明らかに重要である愛というものになぞらえて，「お金も同様に重要だ」という意味にするには，**no less ..... than ～（～と同様に‥‥）** を使う。後ろの文の末尾には，than love が省略されていると考えればよい。

◆ □ **19** Paul is [19] a sportsman than his brother.

① so much   ② so less

③ more or less   ④ more of

〔英検準1級〕

◆ □ **20** The facilities of the old school [20] .

① are as good or even better than the new school

② are as good as or even better than facilities of the new school

③ are as good as or even better than those of the new school

④ are as good or better than the new school ones

〔平安女学院短大〕

問2：次の英文の下線部のうち，誤った英語表現を含む番号を選べ。

□ **21** He is ①as able, ②if not abler than, I, so I really think he should also ③be asked to participate ④in the project.

誤り = [21]   〔同志社大（経）〈改〉〕

□ **22** ①When we look at the situation in Brazil, ②we are able to see immediately ③that smaller companies located near rivers ④are in good condition than those far from rivers.

誤り = [22]   〔明治大（政経）〕

□ **23** Samuel Johnson dominated the ①literary scene, not so ②many for what he wrote ③as for the manner of man he ④was.

誤り = [23]   〔上智大（文）〕

答19 ポールは弟よりもたいしたスポーツマンだ。

> 19 ⇒ ④ more of

▶ **more of A than B** は，「**BよりもAである**」という意味の比較の重要表現。He is more of a scholar than a teacher. (彼は先生というよりむしろ学者だ。) というように，**同一人物内の比較**を表す場合にも使うことができる。

答20 その古い学校の設備は新しい学校のものと同じかむしろそれよりもよい。

> 20 ⇒ ③ are as good as or even better than those of the new school

▶ A or B, A and B で後ろに来る目的語を共有する場合，AとBの両方に目的語が続く形にする。better than と共有するには，as good as としなければならないので①④は不可。「古い学校の設備」と「新しい学校の設備」というように比較するものの種類を合わせるので，後ろには the facilities of the new school が来る。②は定冠詞 the がない。the facilities の反復を避け，代名詞 those を使った③が正解。この場合は A=as good as, B=even better than で，as と than という前置詞が those of the new school という目的語を共有している。

答21 彼は私を超えることはないにしろ，私と同じくらい有能だろう。だから彼もその計画に参加するように依頼されるべきだと私は本当に思っている。

> 21 ⇒ ① as able → as able as

⚠ ▶ 主語の He と後ろの I を比較している。挿入部分の②を取り除くと，He is as able I となり，as が1つ足りないとわかる。①を as able as と書き換える。as able as と if not abler than は，後ろの I を共有していると考える。**if not .....** は，「**たとえ‥‥‥でないにしても**」という意味の重要表現。

答22 ブラジルの状況を見ると，川の近くに位置する小企業は，川から離れた小企業よりもよい状態にあることがすぐにわかる。

> 22 ⇒ ④ good → better

▶ ④に than があるが，比較の中心である形容詞 good が原級なので，比較級の better に変える。③の smaller は than 以下との比較ではなく，大企業との比較として使われている。those は，smaller companies の反復を避けて使われている。

答23 サミュエル・ジョンソンは，彼の書いたもの[作品]よりもむしろその人間としての態度によって文学界に君臨した。

> 23 ⇒ ② many → much

▶ **not so much A as B (AよりもむしろB)** の形を発見するのがポイント。AとBは，それぞれ理由を表す for で始まる副詞的要素が使われている。

□ **24** Globes and maps ①<u>have been important</u> throughout history, ②<u>but</u> never ③<u>many</u> so ④<u>than</u> today.

誤り＝ [24]

〔慶應義塾大(理工)〕

□ **25** ①<u>Scientists claim that</u> life on earth will take ②<u>at last</u> 10 million years ③<u>to recover from</u> the mass extinction of animals and plants ④<u>brought about by</u> human activities.

誤り＝ [25]

〔中央大(法)〕

問3：日本文に合う英文になるように選択肢の語を並べ替え，空所に入るものを選べ。

◆難 □ **26** 60歳では，21歳のときに比べほぼ4倍もの情報を頭の中に持っている。

At 60, your brain ＿＿ ＿＿ [26] ＿＿ ＿＿ [27] ＿＿ at age 21.

① it ② information ③ as ④ possesses

⑤ did ⑥ four times ⑦ almost ⑧ as much

〔芝浦工大(工)〕

□ **27** トムの成功は才能によるよりはむしろ努力によるものだ。

Tom's success is [28] ＿＿ ＿＿ ＿＿ [29] by his effort.

① by his talent ② not ③ much ④ so

⑤ as

〔東洋大(経)〕

□ **28** その問題について考えれば考えるほど一層難しくなるように思えた。

The more I ＿＿ [30] , ＿＿ ＿＿ ＿＿ ＿＿ [31] ＿＿ .

① seem ② thought about ③ did ④ the problem

⑤ to become ⑥ it ⑦ difficult ⑧ the more

〔武蔵工大(建築・経営工)〕

答24 地球儀と地図は歴史を通じてずっと重要なものだったが，今日ほど重要であったことは一度もなかった。

 [24] ⇒ ③ many → more

▶ than の前には比較級が必要。but 以下は，but (they have) never (been) more so than (they are) today. を省略した形。so は important を受ける。否定語（never）と比較級を組み合わせて最上級の意味を表す形になっている。

答25 地球の生物が人間の活動によって引き起こされる大量の動植物の絶滅から回復するには，少なくとも 1000 万年かかると科学者たちは主張している。

 [25] ⇒ ② at last → at least

▶文の意味から考えて，at last（最後には，とうとう）は不適当。at least（少なくとも）が正しい。at least は not less than で言い換えられる。反対の意味を表す表現は at most = not more than（多くとも，せいぜい）。

答26 At 60, your brain possesses almost **four times** as much information **as** it did at age 21.

 [26] ⇒ ⑥ [27] ⇒ ③ (4-7-**6**-8-2-**3**-1-5)

▶**倍数 as ... as ～**（～の□倍…）に名詞を加えた表現。× your brain possesses information almost four times as much as it did at 21. × では，倍数表現の修飾を取ると，your brain possesses information much. で形容詞と名詞が逆になる。your brain possesses much information. に倍数表現を加えて文を完成させる。

答27 Tom's success is **not** so much by his talent **as** by his effort.

 [28] ⇒ ② [29] ⇒ ⑤ (2-4-3-1-5)

きそ ▶ **not so much A as B** は「A というよりむしろ B」という意味の重要表現。この構文は not A so much as B と言い換えることもでき，その場合この文は，Tom's success is **not** by his talent so much **as** by his effort. となる。

答28 The more I thought about **the problem**, the more difficult did it **seem** to become.

 [30] ⇒ ④ [31] ⇒ ① (2-4-8-7-3-6-1-5) または (2-4-8-7-6-3-1-5)

⚠ ▶ **the 比較級 S₁ V₁, the 比較級 S₂ V₂**（…であればあるほど…である）は比例の重要構文。more difficult は 2 つで比較級の働きをするから，そろえて文頭に出す。この文のように，後半の比較級の後ろは疑問文のような倒置の語順になることがあるが，the more difficult it did seem to become. もしくは，the more difficult it seemed to become. でもよい。

☐ **29** 若い頃に受けた印象ほどありありと心に残るものはありません。

_____ 32 _____ _____ 33 _____ mind as the impressions you received in your youth.

① vividly　　② so　　③ nothing　　④ your

⑤ in　　⑥ remains

〔名古屋外語大（英米）〕

頻出 ☐ **30** アルコール中毒の人が酒を前にすると自分を抑えられないのは, 野生の熊を手なずけられないのと同じだ。

An alcoholic has _____ _____ 34 _____ _____ 35 _____ _____ over a wild bear.

① control　　② his drinking　③ he　　④ more

⑤ no　　⑥ over　　⑦ than　　⑧ would

〔立命館大（経営）〕

答29 Nothing **remains** so vividly in your mind as the impressions you received in your youth.

[32] ⇒ ⑥ [33] ⇒ ⑤   (3-**6**-2-**1**-5-4)

▶否定語＋so ... as 〜 は「〜が一番…である」という最上級のような意味を表す。「若い頃に受けた印象が一番心に残る」という最上級に書き換えると, The impressions you received in your youth remains the most vividly in your mind. となる。

答30 An alcoholic has no more **control** over his drinking **than** he would over a wild bear.

[34] ⇒ ① [35] ⇒ ⑦   (5-4-**1**-6-2-**7**-3-8)

▶ **no more ..... than** 〜 （〜と同様に‥‥‥ない）は，明らかに否定であるものになぞらえて何かを否定する表現。than以下には節を置く。日本語につられて, not などの否定語を入れないように注意。have control over 〜 は「〜を管理する，抑える」という意味で，wouldの直後にはhave controlの省略がある。

> 関係詞を理解するためには，関係代名詞と関係副詞の違いをよく把握しておくことが大切。関係代名詞というのは，文中の主語や目的語が変化してつなぎ言葉になったもの。関係副詞というのは文中の副詞が変化してつなぎ言葉になったもの。それぞれの関係詞の後に続く形にも着目することで理解を深めたい。

1 関係代名詞と関係副詞

　関係代名詞の後ろには，名詞が欠落した不完全な文が続く。一方で，関係副詞の後ろには，副詞が欠落しても文は完全なので，完全な文が続く。その視点で少しまとめておこう。

　The man who saved that dog is a brave firefighter.（あの犬を救った男性は勇敢な消防士だ。）という**関係代名詞の主格**を使った文をあえて2文に分解すると①The man is a brave firefighter. と②The man saved that dog. のようになる。元の文では，①の文の主語The manの部分が変化し，先行詞The manを主格の関係代名詞whoが修飾したThe man who saved that dogが文の主語となっている。関係代名詞whoの後にはsaved that dogのように不完全な文が続いている。

　She is the guest who(m) we invited to the party.（彼女は私たちがパーティーに招待したお客様だ。）という**関係代名詞の目的格**を使った文をあえて2文に分解すると①She is the guest. と②We invited the guest to the party. となり，元の文では，②の文の目的語のthe guestが変化してwho(m)になっているわけだから，関係代名詞who(m)の後にはwe invited φ to the partyのように，目的語が欠落した不完全な文が続く。

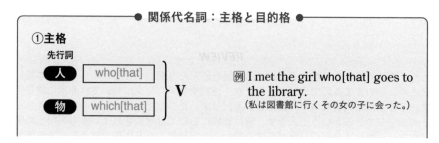

● 関係代名詞：主格と目的格 ●

①主格

先行詞

人　who[that]

物　which[that]　⎫ V

例 I met the girl who[that] goes to the library.
（私は図書館に行くその女の子に会った。）

　関係代名詞の目的格の後ろの文が不完全である理由は，他動詞の後の目的語が欠落しているという場合もあれば，次の文のように前置詞の後ろの目的語が欠落している場合もある。

　That is the man who(m) I live with. という文はwith という前置詞で終わっている。このように前置詞の目的語が欠落して，不完全な文となっている場合には，この前置詞を関係代名詞の前に持ってきてThat is the man with whom I live. とすることもできる。

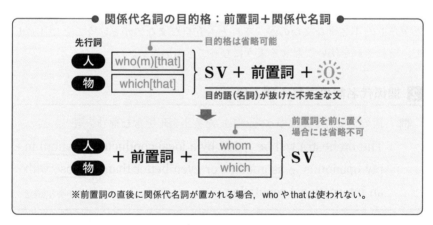

　次に，関係副詞を使った文Tokyo is a city where many people live. を見てみると，関係副詞whereの後ろにはmany people live という文が来ている。liveというのは自動詞で，自動詞で終わった文は完全な文と考えることができる。このように関係副詞の後ろには，whereであれwhenであれ，完全な文が来る。

```
●──── 関係副詞のまとめ ────●

  先行詞
  ┌──────┐  ┌──────┐        例 I remember the day when I
  │  時  │  │ when │          first met my husband.
  └──────┘  └──────┘          （私は夫と初めて出会った日を覚えている。）
  ┌──────┐  ┌──────┐
  │ 場所 │  │where │   S V
  └──────┘  └──────┘  完全な文   例 Can you tell me the reason
  ┌──────┐  ┌──────┐            why the concert was canceled?
  │the reason│ │ why │           （コンサートが中止された理由を教えて
  └──────┘  └──────┘            いただけますか？）
  ┌──────┐  ┌──────┐
  │the way│  │ how │
  └──────┘  └──────┘

※「the reason」と「why」はどちらかを省略できる
※「the way」と「how」は，どちらかを必ず省略する
```

　同じliveという自動詞を使った関係代名詞の目的格の文That is the house
(which) he lives in. と比較してみる。このwhichは省略することができるが，
livesの後にはinがなければならない。もともとlives inの後に来る目的語が
欠落してこの文ができたからだ。

　関係代名詞と関係副詞を英作文などで使う場合には，直後の文が，目的語
が欠落した不完全な文なのか，それとも完全な文なのかということに注意し
て，それぞれを使いこなせるようになってもらいたい。

2 **関係代名詞の主格＋挿入句**

> 問　次の英文の下線部のうち，誤った英語表現を含む番号を選べ。
>
> The orchestra will be ①led by a local conductor ②whom in
> my opinion is ③as good as or even better than ④those with
> an international reputation. 〔関西学院大（経）〕

　a local conductorを先行詞とする関係代名詞と，それに続く動詞の間にin
my opinionという副詞句が挿入されている。動詞を後ろに続ける関係代名詞
は主格でなければならないので，② whomをwhoに修正する。

　主格の関係代名詞と動詞の間にはさまざまなものが挿入される可能性があ
るが，最も代表的なのは**I think などの主語＋that節を取る動詞**というパタ
ーン。例えば，Tom is the man who I think is the best conductor. （トムは私
が最高の指揮者だと思っている男だ。）という文では，主格の関係代名詞who
とisという動詞の間にI thinkの節が挿入されている。

答⇒② (訳：そのオーケストラは私が国際的名声を誇る指揮者たちと同等, あるいはそれ以上と思う地元の指揮者によって指揮される。)

3 前置詞＋関係代名詞の目的格

> 問　There is nothing ☐ we are apt to be so wasteful as of time.
>
> ① where　　② that　　③ of which　　④ by which
>
> 〔同志社大（商）〕

　関係代名詞の目的格which, whomの前には前置詞を置くことができる。 この文はもともと, There is nothing which we are apt to be so wasteful of φ as of time. だったが, 抜けている目的語の直前にあるofが関係代名詞の目的格whichの前に移動したと考えればよい。文末のas of timeは比較対象を示す修飾部分なので, まどわされないようにしたい。be wasteful of ～ (～を浪費する) という熟語とリンクして考える必要があるので難しい。

　答⇒③ (訳：時間ほど, われわれが無駄にしてしまいがちなものはない。)

4 関係代名詞の what

> 問　民主主義とは一人一人の人間が一番大切であるという信念である。
>
> Democracy is ＿＿＿ ＿＿＿ ＿＿＿ ＿＿＿ ＿＿＿ ＿＿＿ ＿＿＿ .
>
> ① what matters ② individual ③ that ④ the belief
>
> ⑤ are　　　　 ⑥ most　　　 ⑦ human beings 〔駒澤大（文）〕

　まず, 主節のDemocracy is the beliefという文を完成させ, beliefの後ろに同格のthat節を置けばよい。同格のthat節中の主語はindividual human beings, 述語動詞はare, 補語には**関係代名詞what**を用いた節のwhat matters mostを置く。このように関係代名詞whatは先行詞を中に含み, 「**‥‥‥なこと, ‥‥‥なもの**」という意味で用いるので, 本来名詞が置かれる主語や目的語や補語の位置で使うことができる。matterは名詞だと「問題」という意味だが, ここでは「重要である」という意味の動詞として使われている。

　答⇒ 4-3-2-7-5-1-6

　　(Democracy is the belief that individual human beings are what matters most.)

問1：次の英文の空所に入れるのに最も適当なものを選べ。

頻出 □1 Upon the wall of his study, there was a red spot ☐1☐ his wine bottle struck and broke.

   ① whenever   ② where
   ③ which   ④ whom

〔明治学院大（経－経）〕

□2 The part of the story I enjoyed most was ☐2☐ the hero decided to revenge himself on his enemy.

   ① which   ② in which
   ③ what   ④ where

〔同志社大（商）〕

□3 Those buildings, a beautiful ☐3☐ is near our school, are designed by the famous architect.

   ① thing   ② example
   ③ examples of them   ④ example of which

〔同志社大（工）〕

難 □4 Recycling is the process ☐4☐ materials are given a second life.

   ① whose   ② with which
   ③ that   ④ by which

〔立命館大（産業社会・国際関係・文）〕

□5 Soon we came to a hill at the foot ☐5☐ stood a deserted factory.

   ① in which   ② of which
   ③ which   ④ whose

〔慶應義塾大（経）〕

□6 He is not the coward ☐6☐ he was ten years ago.

   ① that   ② who
   ③ when   ④ whom

〔慶應義塾大（経）〕

答1 彼の書斎の壁には，ワインの瓶がぶつかって壊れた赤いしみがあった。

　　　1 ⇒② where

きそ ▶後ろに**完全な文**が続く場合は**関係副詞（where，when，why**など），他動詞や前置詞の後ろに目的語がない**不完全な文**が続く場合は**関係代名詞の目的格（which，whom，that）**を使う。strike も break もここでは自動詞なので，空所の後ろは完全な文。①は意味が不自然になるので不可。

答2 その話の中で私が最も楽しかったのは，主人公が敵に復讐することを決めたところでした。

　　　2 ⇒④ where

▶主語は The part，述語動詞は was，空所以下が補語になる名詞節を作る。空所の前には先行詞がないので①②は不可。関係代名詞 what の後ろに完全な文が来ることはない。空所の後ろは完全な文なので④が正解。where は，先行詞が (the) place など明確な場所を表す場合は省略され，**where S V（S が V する場所）**で使う。

答3 あれらの建物は，その美しい例が私たちの学校の近くにあるのだが，その有名な建築家の設計によるものだ。

　　　3 ⇒④ example of which

▶主語は Those buildings，述語動詞は are designed，カンマで挟まれた部分は挿入節で，主語を先行詞とする説明箇所。先行詞の所有物を後ろで説明するには，**whose 所有物 .....** の他，**the[a] 所有物 of which[whom] .....** も使う。①②③では挿入部分が独立した文となり，主文との関係がなくなるので不可。

答4 リサイクルは材料に第2の生命を与える過程だ。

　　　4 ⇒④ by which

▶空所の後ろが完全な文なので，所有格の関係代名詞①whose や，この形では主に目的格として使う③that は不可。ここでは，Materials are given a second life by the process. という手段，過程を表す前置詞 by を使った文を想起し，④を選ぶ。

答5 すぐに，私たちは麓に寂れた工場の建つ丘に到着した。

　　　5 ⇒② of which

▶ Soon we came to a hill. と At the foot of the hill stood a deserted factory. に分けて考える。**at the foot of ~（~の麓に）**のような場所を表す副詞句を文頭に置くと倒置が起こる。2番目の文が1番目の文の a hill を先行詞とするには，of の目的語となる the hill を関係代名詞 which に変える。

答6 彼は10年前のような臆病者ではない。

　　　6 ⇒① that

⚠ ▶空所の後ろが主格補語のない不完全な文なので関係副詞の③は不可。先行詞 the coward（臆病者）は人間の性質を表す「物」として関係代名詞 that を使う。一般に，先行詞が人であっても関係代名詞が関係詞節中で C の働きをするときは，that または which を用いる。

☐ **7** It might be maintained that a man should obey the moral code of his own community ☐7☐ it may be.

① no matter   ② however

③ ever since   ④ whatever

〔慶應義塾大（環境情報）〕

頻出 ☐ **8** This is the man ☐8☐ they say stole the car.

① who   ② whoever

③ whom   ④ whomever

〔同志社大（商）〕

難 ☐ **9** ☐9☐ there is a difficulty in the plan is quite understandable to me.

① What   ② Whatever

③ That   ④ Therefore

〔南山大（外）〕

☐ **10** I can't remember ☐10☐ it was that I was supposed to tell you.

① that   ② what

③ which   ④ this

〔大阪経大（経）〕

☐ **11** She brought in large quantities of food, the sight of which destroyed ☐11☐ little appetite I had left.

① of which   ② that which

③ what   ④ which

〔明治学院大（文・社）〕

☐ **12** The English language is one of the richest languages, and a writer in English has a wide choice of words ☐12☐ to express himself.

① which   ② in which

③ how   ④ where

〔同志社大（経）〕

答7 たとえそれがどんなものであっても，人は自分の共同体の道徳的規律に従うべきだと主張されるであろう。

　　　7 ⇒ ④ whatever

▶ whatever ..... は「・・・・・なものは何でも」という**名詞節**や，「何を・・・・・しようとも」という**副詞節**を作る。ここでは副詞節で，**no matter what .....** と書き換えられる。①はwhatがなく，②は直後に形容詞や副詞を伴うので不可。ever since ..... （・・・・・して以来）は接続詞なので，不完全な文は続けられない。

答8 この人が，車を盗んだと言われている男だ。

　　　8 ⇒ ① who

▶**主格の関係代名詞**の後ろには，**主語＋認識動詞**（**think, believe** など後ろにthat節を取ることができる動詞）**の節が挿入**されることがある。they say を挿入節と考えて①を選ぶ。This is the man. と They say the man stole the car. に分け，2番目の文のthe man が関係代名詞に変わって前に出たと考えること。

答9 その計画に難しいところがあるというのは私には大変納得がいく。

　　　9 ⇒ ③ That

⚠ ▶ plan までが主部である点に着目する。**関係代名詞what**は直後に動詞や**不完全な文**，**名詞節を作る接続詞that**は**完全な文**が続く。後ろの形（there から plan まで）に欠落箇所はないので③が正解。whatever も what と同様の使い方をするので不可。副詞therefore（それ故に）は名詞節は作れない。

答10 私はあなたに何を言うべきだったのか思い出せない。

　　　10 ⇒ ② what

▶空所の後ろはwasの後ろに欠落箇所のある不完全な文。先行詞がないので③は不可。先行詞の意味を含む②が答え。①は接続詞なら後ろに完全な文，関係代名詞なら前に先行詞が必要。④は文を接続できない。it was ～ that ..... は強調構文。

答11 彼女はたくさんの食糧を持ってきたが，それを見て，わずかに残っていた食欲がすべてなくなった。

　　　11 ⇒ ③ what

▶**what little 不可算名詞 S V φ** は，「**SがVするありったけの～**」という慣用表現。可算名詞の場合は，**what few 可算名詞 S V φ** を使う。

答12 英語は最も豊かな言語の1つであり，英語で書く作家には自分の思うことを表現するための幅広い言葉の選択枠がある。

　　　12 ⇒ ② in which

⚠ ▶ a house to live in のように修飾される語が不定詞中の前置詞の目的語になる場合，関係代名詞を使い a house in which to live と書き換え可。**名詞 to V 前置詞**は**名詞 前置詞 which[whom] to V**。元の形は a wide choice of words to express himself in だと考えられる。**express oneself in ～** は「**～（言語など）で自分を表現する**」。

頻出 □ **13** ⌷ 13 ⌷ impressed me most at the museum was the special collection.

① Something   ② That

③ The thing   ④ What

〔中央大（経）〈改〉〕

□ **14** My brain is as good as it ever was, and will probably remain so for a very long time yet, but my energy is not and cannot be ⌷ 14 ⌷ it was, and it will gradually decline.

① that   ② when

③ how   ④ what

〔同志社大（経）〕

□ **15** It was getting dark, and ⌷ 15 ⌷ was worse, we couldn't find our hotel.

① which   ② that

③ what   ④ but

〔立命館大（法）〕

◆ □ **16** ⌷ 16 ⌷ might have been expected, she did a good job of it.

① As   ② If

③ She   ④ Which

〔早稲田大（理工）〈改〉〕

□ **17** The rowing machine in this room is available to ⌷ 17 ⌷ needs it to keep his muscles strong and in tone.

① whoever   ② what person

③ whomever   ④ whose person

〔青山学院大（経）〕

□ **18** Does British foreign policy remain the same, ⌷ 18 ⌷ party is in power?

① whoever   ② however

③ whichever   ④ wherever

〔立命館大（法）〕

答13 博物館で私が最も感動したのは，特別な収蔵品であった。

　　　13 ⇒ ④ What

　　きそ ▶ 空所から museum までが主部，述語動詞は was。空所に①③を入れると，museum までで1つの文となり was に続かない。②は関係代名詞と考えても先行詞がなく，接続詞と考えても後ろに主語が続いていないため不可。**関係代名詞 what**は後ろに動詞や不完全な文を続けて，先行詞を含んだ「‥‥なこと」という意味になる。

答14 私の知力はこれまでと同様に健全で，まだまだ長い間その状態を保つであろう。しかし，体力はそうではなく，かつてのようにはいかずに徐々に衰えていくであろう。

　　　14 ⇒ ④ what

　　▶ **what ～ was**（昔の～）は，関係代名詞 what を使った慣用表現。**what ～ used to be** にも書き換えられる。**what ～ is** は「今の～」。これらの表現は，あるものの現在と過去を対比するような場合に使われる。

答15 暗くなってきて，さらに悪いことには，私たちはホテルを見つけることができなかった。

　　　15 ⇒ ③ what

　　▶ **what is worse** は，「さらに悪いことには」という意味の副詞句で，関係代名詞 what を使った慣用表現。**what is better** は，「さらに良いことには」。

答16 予想されたことかもしれないが，彼女はその仕事を立派にやった。

　　　16 ⇒ ① As

　　⚠ ▶ 文全体を先行詞とする場合，カンマ＋which を使うのが普通だが，カンマ＋as も使うことができる。カンマ＋which は必ず主文の後ろに来るが，（カンマ＋）as は文中や文頭に移動できる。この文では，As ～ expected が後ろの文全体を先行詞としている。③は前後が独立した文となり，接続詞が必要となる。

答17 この部屋のボートこぎの器械は，筋肉を強く健全に保つ必要がある人は誰でも利用できる。

　　　17 ⇒ ① whoever

　　▶ whoever の後ろには動詞，whomever の後ろには不完全な文が来る。**whoever V** は **anyone who V**（V する人は誰でも），**whomever S V φ** は **anyone whom S V φ**（S が V する人は誰でも）という書き換えで覚えておくと便利。

答18 どちらの政党に権力があっても，イギリスの外交政策は同じなのですか。

　　　18 ⇒ ③ whichever

　　▶ party（政党）という名詞が続くので，whoever（誰でも）や wherever（どこでも）は意味が合わない。however は普通，形容詞や副詞を直後に伴うのでここでは不可。**whichever ～ .....** は「どちらの～が‥‥でも」という譲歩を表す副詞節を作る。

☐ **19** [19] she believes you is hard to believe.

① What ② That

③ Whatever ④ Whenever

〔立命館大（文・政策科）〕

☐ **20** John insulted Mary, [20] I would never do.

① that ② which

③ who ④ what

〔立命館大（文・政策科）〕

問２：次の英文の下線部のうち，誤った英語表現を含む番号を選べ。

☐ **21** My brother and I spent ①a few weeks in Crete, ②a small sunny Greek island ③which inhabitants are ④very friendly.

誤り＝ [21] 〔青山学院大（経）〈改〉〕

[頻出] ☐ **22** If you can ①talk over your problems with ②whomever can give you ③good advice, you will be happier and ④better equipped to deal with life.

誤り＝ [22] 〔文京女子短大〕

☐ **23** ①The team of young engineering students ②invented a new type of engine ③which it uses water ④instead of gasoline for its fuel.

誤り＝ [23] 〔明治大（政経）〕

答19 彼女があなたを信じているなんて信じがたいことだ。

19 ⇒ ② That

▶ **関係代名詞what**は主格や目的格として使われ、直後には動詞や**不完全な文**が続く。後ろが完全な文なので、名詞節を作る接続詞thatを選ぶ。whateverもwhatと同様に動詞や不完全な文を続けるので、この文には適さない。

答20 ジョンはメアリーを侮辱したが、私ならそんなことは絶対しないだろう。

20 ⇒ ② which

▶ **前の文全体を先行詞とする場合、カンマ＋which**を使う。主格や目的格の関係代名詞となるので後ろは不完全な文や動詞が続く。①はカンマのある非制限用法では使わない。③はMaryが先行詞となり意味が合わない。④は前の文を修飾できない。

答21 弟と私は住人がとても親しげで陽が心地よい小さなギリシアの島、クレタ島で数週間過ごした。

21 ⇒ ③ which → whose[where the]

▶ Greek islandと「その住民」との間に所有関係があるのにwhichが使われ、また、動詞や不完全な文ではなく完全な文が来ている。whichをwhoseに書き換える。whoseは所有格の関係代名詞。直後には先行詞の所有物の名詞が置かれ、その説明が続く。

答22 誰でも良い助言をくれる人に問題を相談することができれば、もっと幸せになれるだろう、そして人生を生きる心構えをより固めることができるだろう。

22 ⇒ ② whomever → whoever

▶ **whoever V**（**Vする人は誰でも**）は**anyone who V**に書き換えられ、先行詞を含む主格の関係代名詞として使う。**whomever S V φ**（**SがVする人は誰でも**）は**anyone whom S V φ**に書き換えられ、目的格の関係代名詞として使う。whomever以下に動詞句が続くので、whomeverをwhoeverにする。

答23 若い工学技術の学生のチームは、燃料にガソリンの代わりに水を使う新しい型のエンジンを発明した。

23 ⇒ ③ which it uses → which uses

▶ **関係代名詞which**は、主格のときは直後に動詞、目的格のときは**不完全な文**が続く。後ろが完全な文なので、主格として使えるようにitを消す。

□ **24** The politician ①<u>is said</u> to ②<u>have died</u> in his native land, ③<u>where</u> he often ④<u>ached for</u> in later years.

誤り= [24]

〔法政大 (経済)〕

□ **25** Climate change will ①<u>increase pressure on</u> water resources in Africa, Central America, the Indian sub-continent and southern Europe, ②<u>which</u> ③<u>large numbers of</u> people ④<u>will be affected</u>.

誤り= [25]

〔中央大 (法)〕

問3:日本文に合う英文になるように選択肢の語を並べ替え,空所に入るものを選べ。

□ **26** 必要以上にお金を使ってはいけない。(1語不要)

Don't ____ [26] ____ ____ [27] ____ .

① is ② money ③ more ④ need

⑤ needed ⑥ spend ⑦ than

〔学習院大 (文)〕

◆難 □ **27** 君だと思っていたが,実は他人だった。(2語不要)

The man who ____ [28] ____ [29] ____ to be a stranger.

① fact ② I ③ proved ④ the

⑤ thought ⑥ was ⑦ you

〔東京理大 (理−数・物・化)〕

頻出 □ **28** 彼女はオリンピックで金メダルを取った。それはすごいことだ。

She ____ ____ [30] ____ , ____ [31] ____ ____ .

① which ② medal

③ quite ④ a gold

⑤ was ⑥ an accomplishment

⑦ got ⑧ in the Olympics

〔法政大 (経営)〕

答24 その政治家は故郷で死んだそうだが，彼は晩年によくその地を恋しがっていた。

24 ⇒③ where → which

▶関係詞の後に不完全な文の形が来ているので，関係副詞whereは使えない。ここでは関係代名詞whichが正しく，このwhichはache for ～（～を恋しがる）の目的語の働きをしている。

答25 気候の変化はアフリカ，中央アメリカ，インド亜大陸，南ヨーロッパの水資源への圧迫を増し，それらの地域では多数の人々が影響を受けるだろう。

25 ⇒② which → where

▶関係詞の後に完全な文の形が来ているので，関係代名詞whichは使えない。ここでは関係副詞whereが正しく，このwhereは「それらの場所では」の意味を表している。

答26 Don't spend **more** money than **is** needed.

26 ⇒③ 27 ⇒① (6-**3**-2-7-**1**-5)　不要＝④ need

▶先行詞が比較級によって修飾される場合，thanという関係代名詞が使われることがある。この**than**は主格としても目的格としても使うことができ，**疑似関係代名詞**と呼ばれる。疑似関係代名詞には他に**but**や**as**がある。

答27 The man who I **thought** was **you** proved to be a stranger.

28 ⇒⑤ 29 ⇒⑦ (2-**5**-6-**7**-3)　不要＝① fact，④ the

⚠ ▶**主格の関係代名詞**の後ろには，**主語＋認識動詞**（**think**，**believe**などthat節を取ることができる動詞）が**挿入**されることがある。この文では，I thoughtが挿入節。The man proved to be a stranger. とI thought the man was you. に分け，後ろの文のthe manが関係代名詞whoに変わり前に出たと考える。

答28 She got a gold **medal** in the Olympics, which **was** quite an accomplishment.

30 ⇒② 31 ⇒⑤ (7-4-**2**-8-1-**5**-3-6)

▶前文の内容すべてを先行詞にできる**関係代名詞which**が使われている。このwhichを使う場合には，必ず**非制限用法**で直前にカンマを置くこと。

☐ **29** 当然幸運だと思われている人々だけしか財産を形成することができないというのは残念なことだ。

It ＿＿ ＿＿ 〔32〕 ＿＿ 〔33〕 ＿＿ ＿＿ ．

① regrettable   ② is

③ only those who   ④ that

⑤ make a fortune   ⑥ can

⑦ should be considered fortunate

〔関西外語大〕

☐ **30** エイズがどのように伝染するかわからないため，エイズ患者に偏見を持っている人がかなりいる。

Many people ＿＿ ＿＿ 〔34〕 ＿＿ ＿＿ 〔35〕 ＿＿ ＿＿ suffering from the disease.

① AIDS is spread   ② so

③ those   ④ do not know

⑤ they tend to   ⑥ in which

⑦ the ways   ⑧ discriminate against

〔成城大（経）〕

答29 It is regrettable **that** only those who **should be considered fortunate** can make a fortune.

   32 ⇒ ④　33 ⇒ ⑦　(2-1-**4**-3-**7**-6-5)

▶形式主語itを用いた構文。**those who V**は「**Vする人々**」という慣用表現で、「人々」という意味のthoseを先行詞とする。is regrettableを主節の部分に置き、接続詞that以下にthose who Vを主語として完全な文を作る。that節内の述語動詞はcan makeでmake a fortuneは「一財産作る」という意味。

Lesson

03

関
係
詞

答30 Many people do not know the ways **in which** AIDS is spread so **they tend to** discriminate against those suffering from the disease.

   34 ⇒ ⑥　35 ⇒ ⑤　(4-7-**6**-1-2-**5**-8-3)

▶「**SがVする方法**」は**the way S V**や**how S V**が一般的で、修飾関係をはっきりさせたい際に**the way in which S V**や**the way that S V**が使われることがある。×the way how S V×は誤り。tend to V（Vする傾向がある），discriminate against ～（～を差別する）という慣用表現，those（人々）の意味にも注意。

REVIEW

このレベルになると，修飾関係が複雑になるなど，英文が長くなり難しく感じるかもしれません。しかし，文の主語と述語動詞が何なのかを把握し，文の構造を捉えることができれば，使われている文法事項はすでに学習したものが多いはずなので，きっと理解できるでしょう。問題を解くときにも，問われている英文法事項だけでなく，文の構造を意識してみるとよいでしょう。

━━━

■**第 1 問** 次の空所に入れるのに最も適当なものを選べ。

問1 A large proportion of ⬚1 English-speaking people watch on TV is of American origin.

① that
② what
③ where
④ which

問2 Although intonation is seldom taught in some language courses, it is ⬚2 important for communicating accurately.

① all the more
② none the less
③ none the worse
④ much more

問3 Mary was discreet and well behaved, ⬚3 her father liked young women to be.

① who
② which
③ that
④ for which

問4 I have 50 comic books; my brother has ⬚4 .

① twice as many
② two times many
③ twice more than
④ two times many a

問5 I'd rather have a house of my own, ⬚5 it may be.

① how small
② however small
③ no matter what small
④ what a small house

問6 Such ⬚6 the case, the conference has to be postponed until a later date.

① were
② was
③ had been
④ being

問7 　[7]　 is not the name of the company, but what you can do in that company.

① However good　　　　　② How important

③ What counts　　　　　④ Whatever you choose

問8 I haven't got 　[8]　 I need to help you.

① as much as money　　② as much money as

③ much as money as　　④ money as much as

問9 Even the brightest of chimpanzees can no 　[9]　 speak than they can fly.

① less　　　　　　　　② least

③ more　　　　　　　　④ most

問10 An accident directed him towards 　[10]　 was to be the success of his life.

① which　　　　　　　② what

③ where　　　　　　　④ why

問11 The mother insisted on her children 　[11]　 in the park after dark.

① not playing　　　　　② not to play

③ having not to play　　④ not to have played

問12 These dishes want 　[12]　 .

① to wash　　　　　　② washing

③ being washed　　　　④ washed

問13 The man 　[13]　 I thought was my best friend deceived me.

① who　　　　　　　② what

③ which　　　　　　④ whom

問 14 　14　 of a novelist, he has the ability to make acute observations of people.
　① As may be expected 　　② Judging
　③ As a viewpoint 　　④ Viewing

問 15　She lost 　15　 little money she had.
　① how 　　② those
　③ what 　　④ which

■第2問　次の英文の下線部のうち，誤った英語表現を含む番号を選べ。

問 16　16

①Not wanting to hurt his feelings, ②but Sally tried to find ③a polite way ④to refuse Bob's invitation.

問 17　17

Everyone ①of us ②has ③a responsibility to the society ④which he is a part.

■第3問　下の選択肢を並べ替えて英文を完成させ，空所に入る番号を答えよ。

問18　There is nothing that ＿＿＿ ＿＿＿ ＿＿＿ 18 ＿＿＿ ＿＿＿ the advice from their elders..

① young　　② people　　③ so　　④ much
⑤ resent　　⑥ as

問19　Patience is necessary if ＿＿＿ ＿＿＿ 19 ＿＿＿ successful in business.（2語不要）

① is　　② one　　③ to　　④ will
⑤ you　　⑥ be

問20　She is ＿＿＿ ＿＿＿ ＿＿＿ ＿＿＿ 20 a TV personality.

① an announcer　② as　　③ much　　④ not
⑤ so

解答用紙

第1問	問1	問2	問3	問4	問5
	問6	問7	問8	問9	問10
	問11	問12	問13	問14	問15
第2問	問16	問17			
第3問	問18	問19	問20		

ADVICE

　このレベルになると，単に知識だけを詰め込んでも解けない問題が多い。準動詞に関しては，自然に文が書けるようになるくらいまで例文になじんでおきたい。関係詞は英文法の中で最も難関だ。修飾部分がどこからどこまでかを見抜く解釈の力を磨くこと。比較に関しては，理屈と共に頻出する慣用表現を吸収しておくことが重要。

解説

■第1問

問1：関係代名詞のwhat。空所の後ろは目的語のない不完全な文。

問2：none the less ...「それでもなお・・・」。

問3：discreet and well behavedが先行詞。カンマ＋whichは，前の文，節，部分を先行詞にできる。

問4：倍数 as ... (as 〜)「(〜の) □倍…だ」。

問5：however 形容詞 [副詞] S (may) V「どんなに…にSがVしようとも」。

問6：独立分詞構文。such being the caseは「そういう事情なので」の意味。

問7：関係代名詞whatの主格用法。count「重要である」。

問8：as much moneyの語順を問う問題。

問9：チンパンジーは空を飛べないので「飛べるのと同様に話せる」という文脈はおかしいと判断し，①は不可。否定の意味を含む表現no more ..... than 〜「〜と同様に・・・・・ない」にする。

問10：関係代名詞whatの主格用法。what was to be the success of his life「彼の人生において成功となるはずだったもの」。

問11：insist on Ving「Vするのを主張する」。her childrenは意味上の主語。

問12：want Ving ＝ need Ving「Vされる必要がある」。

問13：I thoughtは主格の関係代名詞の直後に挿入された節。

問14：asは主節の内容を先行詞とする関係代名詞。

問15：what little 不可算名詞 S V φ「SがVするありったけの〜」。

■第2問

問16：分詞構文に「〜なので」の意味が含まれるので，butを削除しなければ意味が通じない。

問17：he[=everyone] is a part of the society という関係だから，whichの前にofが必要。

■第3問

問18：「1-2-5-**3**-4-6」が正解。「There is nothing that young people resent **so** much as the advice from their elders. (若者は年配者からの助言に一番腹を立てる。)」。否定＋so[as] ... as 〜 で，最上級と同じような意味になる。

問19：「2-1-**3**-6」が正解。「Patience is necessary if one is **to** be successful in business. (事業で成功するためには忍耐が必要です。)」。if節中のbe to Vは「意志」を表している。

問20：「4-5-3-1-**2**」(または「4-1-5-3-**2**」)が正解。「She is not so much an announcer **as** a TV personality. (彼女はアナウンサーというよりむしろテレビタレントだ。)」。not so much A as B「AというよりむしろB」。

解答

第1問	問1 ②	問2 ②	問3 ②	問4 ①	問5 ②
	問6 ④	問7 ③	問8 ②	問9 ③	問10 ②
	問11 ①	問12 ②	問13 ①	問14 ①	問15 ③
第2問	問16 ②	問17 ④			
第3問	問18 ③	問19 ③	問20 ②		

SCORE	1st TRY /20点	2nd TRY /20点	3rd TRY /20点	CHECK YOUR LEVEL	▶ 0 〜 12点 ➡ *Work harder!* ▶ 13 〜 16点 ➡ *OK!* ▶ 17 〜 20点 ➡ *Way to go!*

英語が話せるようになるには？

　皆さんの中には，受験・資格試験のために学んだ英語力をもとに，実際に「話せる」英語をマスターしたいという人も多いと思います。我々の文化を世界に発信し，国際社会で活躍するために，話せる英語力は絶対必要ですが，どうすれば話せるようになるのでしょうか？

　もちろん，留学して勉強することは大変役に立ちます。しかし，決して「留学すれば話せるようになる」というわけではありません。実は私も長期留学をしたことはありませんが，ちゃんと英語でしゃべれています。逆に1，2年の留学から戻ってきても，あまり英語がしゃべれない人も多くいます。留学しても，日本人同士で共同生活している場合も多いようですね。

　日本にいても，英語のスピーキングを磨く道具はあります。一番役に立つのが「映画」のセリフです。私は学生時代に，テレビにガムテープを貼って字幕を隠しながら，好きな映画を何度も見てセリフを覚えました。何本も見ていると，「こんな状況ではこうしゃべる」とか「この単語は会話ではこんな意味になるのか」といった発見がたくさんあります。今では，字幕を付けたり消したりできる動画配信サービスが出ているので，手軽に映画を使った勉強ができるようになりました。また，動画配信サイトで英語のニュースを1日中見ることもできます。

　もちろん，そうして身に付けた英語を実際に使ってみるために，オンライン英会話を活用したり，外国人の友達を作ったりと，普段から積極的に英語を話す機会をたくさん作っていくことが重要です。

LV5
STAGE-2

04 仮定法

> 仮定法は一度パターンをマスターしてしまえば確実な得点源となり，英文法の基礎点を稼ぐことができる分野。ここでは難問を解いて，基礎を固めつつ複雑な文の中でも正確に仮定法が見抜けるようにしていきたい。

1 仮定法の基本形

> 問　If George ☐ that picture, he would have signed his name to it.
>
> ① would have painted 　　② had painted
>
> ③ has painted 　　　　　　④ paints
>
> 〔英検準1級〕

　後半の主節がwould have V_{pp}を取っているので，過去の事実に反する仮定だとわかる。if節には仮定法過去完了が使われなければならないので，②が答えとなる。もう一度，仮定法の超基礎を確認しておきたい。

　答⇒②（訳：ジョージがあの絵を描いたのなら，その絵に署名しただろう。）

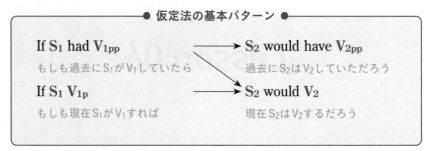

● 仮定法の基本パターン ●

If S_1 had V_{1pp} → S_2 would have V_{2pp}
もしも過去にS_1がV_1していたら　　過去にS_2はV_2していただろう

If S_1 V_{1p} → S_2 would V_2
もしも現在S_1がV_1すれば　　　　現在S_2はV_2するだろう

　if S had V_{pp}やif S were 〜 は下記のようにifを省略した倒置の形が使われることもある。

● 仮定法の倒置 ●

☐ if S had V_{pp} = had S V_{pp}

　　例 If I had gone out with the other lady, you would not exist.

　　Had I gone out with the other lady, you would not exist.

　　（もし僕がもう一人の女性と出かけていたら，お前は存在していないだろうね。）

☐ if S were 〜 = were S 〜

㉄ If I were a bird, I would be free from homework.

Were I a bird, I would be free from homework.

（もし私が鳥ならば，宿題から解放されるだろう。）

2 未来を表す仮定法

問 ☐ in my absence, ask him for help.

① Should anything happen

② Anything will happen

③ Unless anything happens

④ If anything would have happened

〔同志社大（商）〕

「**（未来に）万が一SがVするならば**」は，**if S should V**や**if S were to V**で表す。また，それぞれ**should S V**，**were S to V**というようにifを使わずに表すこともできる。ここでは，主節が命令文となっている。

これらの構文に，助動詞を用いた文を続ける場合，**should**を用いたパターンでは**will**などの現在形の助動詞，**would**などの過去形の助動詞のどちらも続けることができるが，**were to**を用いたパターンでは**would**などの過去形の助動詞しか続けられないことにも注意したい。

答⇒①（訳：万が一私がいないときに何か起きたら，彼に助けを求めなさい。）

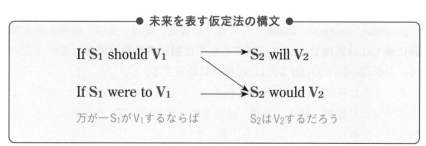

● 未来を表す仮定法の構文 ●

If S₁ should V₁ ⟶ S₂ will V₂

If S₁ were to V₁ ⟶ S₂ would V₂

万が一S₁がV₁するならば　　　　S₂はV₂するだろう

未来を表す仮定法においても，ifを省略した倒置の形が使われることもある。

☐ if S should V = should S V

例 If you should get more money, which country would you want to visit?

Should you get more money, which country would you want to visit?

（もしもっとお金を手に入れることがあるなら，どの国を訪れたい？）

☐ if S were to V = were S to V

例 If I were to attend the party, I would talk with people from all over the world.

Were I to attend the party, I would talk with people from all over the world.

（もし私がそのパーティーに参加することになるなら，世界中の人々と話すだろう。）

3 仮定法現在

問 次の英文の下線部のうち，誤った英語表現を含む番号を選べ。誤りがない場合には⑤を選べ。

①Considering ②the many new housing developments, the city council ③proposed that a new shopping center ④was built. ⑤NO ERROR

〔早稲田大（人間科）〕

propose, **suggest**, **insist** などのように**提案，要求，主張，命令を表す動詞に続く that 節内**では，**should V** もしくは**動詞の原形**が使われる。ここでは，④を should be built または be built に修正する。

このような形は，it is important that ..... や it is desirable that ..... などのように，やはり**提案，要求，主張，命令を表す it is 形容詞 that 節の形式主語構文**でも使われるということにも注意したい。

答 ⇒④ was built → (should) be built

（訳：多くの新しい住宅開発を考慮して，市議会は新しいショッピングセンターを作ることを提案した。）

4 if 節を伴わない仮定法

　ここまで学習したifを使ったいかにも仮定法というパターンにあてはまるものの他，if節が省略された場合でも，さまざまな箇所で仮定法を使うことができる。

問　An alien ☐ that kind of thing.

　① would eat not　　　② would not eat

　③ will be eaten　　　④ will eating

　「もしも‥‥‥ならば」ということがわかりきっているような場合には，wouldやcould，would haveやcould haveが文の中で仮定であることを前提として使われる。例えば，宇宙人が地球上に存在する可能性は低いので，宇宙人の行動を述べる場合にはwouldやcouldなどの仮定法で用いられる**過去形の助動詞**が使われる。

　答⇒②（訳：宇宙人ならば，そのようなものは食べないだろう。）

5 日常の丁寧表現

　また，仮定法の表現は，日常生活の中でも回りくどく物事を言う時によく使われる。例えば，下記のように回りくどく丁寧に人にお願いをするような場合。

● **丁寧表現の仮定法** ●

例 I would appreciate it if you could help me with the dishes.
（君が皿洗いを手伝ってくれれば，私はそのことをありがたく思うであろう。）

問1：次の英文の空所に入れるのに最も適当なものを選べ。

☐ 1　If I had enough money, I [1] tomorrow.

　　① went　　　　　　　　② will go

　　③ would go　　　　　　④ would have gone

〔上智大（文）〕

☐ 2　If I [2] more time, I could have checked my report again.

　　① have　　　　　　　　② had

　　③ had had　　　　　　　④ would have

〔学習院大（文）〕

頻出 ☐ 3　If she had followed his advice then, she [3] happy now.

　　① is　　　　　　　　　② will be

　　③ would be　　　　　　④ has been

〔中央大（経）〕

☐ 4　If you [4] , I might still be in bed.

　　① couldn't call me up　　② wouldn't call me up

　　③ haven't called me up　　④ hadn't called me up

〔英検準1級〕

☐ 5　I [5] it would rain so I could stay home tomorrow.

　　① wish　　　　　　　　② hope

　　③ wished　　　　　　　④ will hope

〔大阪経大（経）〈改〉〕

頻出 ☐ 6　I was very tired. Otherwise, I [6] to the party with you last night.

　　① had gone　　　　　　② went

　　③ would go　　　　　　④ would have gone

〔センター試験（追）〕

答1 十分なお金があったら，私は明日にでも行くだろう。

　　　 1 ⇒ ③ would go

きそ ▶ if節でhadという過去形の動詞が使われているので，**仮定法過去**の文だとわかる。後半は，過去形の助動詞＋原形動詞が使われるので③を選ぶ。

答2 私にもっと時間があったならば，レポートをもう一度見直せたのに。

　　　 2 ⇒ ③ had had

▶ 後半がcould have V$_{pp}$なので，過去の事実に反する仮定の文だとわかる。このような場合，**仮定法過去完了**の**if S had V$_{pp}$**を使う。答えは③。「時間がある」というときの動詞はhaveを使う。

答3 もしそのとき彼のアドバイスに従っていたら，彼女は今幸せなのになあ。

　　　 3 ⇒ ③ would be

▶ 条件節が仮定法過去完了だからといって，帰結節もwould have V$_{pp}$などになるとは限らない。条件節と帰結節で時制が異なることがあり，特に条件節で過去，帰結節で現在のことを述べる場合が超頻出。帰結節のnowという副詞に注目して，現在の事実に反する仮定を表すwould Vを使う。

答4 あなたから電話がなかったならば，私はまだ寝ているかもしれない。

　　　 4 ⇒ ④ hadn't called me up

▲ ▶「過去にあなたが電話をかけなければ，私は現在寝ているだろう」というように時制のズレが起こっている。前半が仮定法過去完了，後半が仮定法過去となる。**If S$_1$ had V$_{1pp}$, S$_2$ would[might] V$_2$（過去にS$_1$がV$_1$していたら，現在S$_2$はV$_2$するだろう）**にあてはまる④が正解。

答5 明日，家にいられるように雨が降ればいいのになあ。

　　　 5 ⇒ ① wish

▶ 文末のtomorrowから，未来の現実に対する願望を表していることがわかる。willの過去形wouldを使った，**I wish S would V**にする。従属する節も同時に過去形で書くのが普通なので，so以下の節にもcouldが使われている。②④のhopeはこのような仮定法の表現では使えない。

答6 私はとても疲れていた。そうでなければ，昨夜あなたと一緒にパーティーに行っただろう。

　　　 6 ⇒ ④ would have gone

▲ ▶ **otherwise**は「さもなければ」という意味の副詞で，前の文を受けてif節の代用として使われる。「もし私が過去に疲れていなかったならば」をif節で書き換えると，If I had not been tiredとなる。後半はlast nightから過去だとわかるので，仮定法過去完了の④を選ぶ。

□ 7 The customer demanded that the meat ⬚7⬚ in his presence.

  ① be cut   ② could be cut

  ③ cut   ④ might be cut

〔明治学院大（文・社）〕

□ 8 Kate would have gone to London ⬚8⬚ to get a plane reservation.

  ① would she be able   ② was she able

  ③ if she had been able   ④ if she is able

〔英検準 1 級〕

□ 9 I would have seen you off at the airport ⬚9⬚ when you were leaving.

  ① did I know   ② had I known

  ③ knowing as I did   ④ as if I knew

〔同志社大（工）〕

□ 10 He spoke ⬚10⬚ he knew all about our plans when in fact he knew nothing about them.

  ① that   ② although

  ③ as though   ④ even though

〔慶應義塾大（総合政策）〕

□ 11 Jim ⬚11⬚ . Even if he hadn't practiced, he still would have won.

  ① didn't win the race   ② lost badly

  ③ should win   ④ won the race easily

〔センター試験（追）〕

◆難 □ 12 ⬚12⬚ , the government would have to act swiftly.

  ① If a serious crisis will arise

  ② A serious crisis were to arise

  ③ Were a serious crisis to arise

  ④ Suppose a serious crisis had arisen

〔松山大（経営）〕

答7 その客は目の前で肉を切るように要求した。
　　　 7 ⇒① be cut
　　▶ **demand**のような**提案，要求，主張，命令**など現状を変えるように求めるような動詞の後ろに続く**that節**内の動詞は，**原形動詞**か**should＋原形動詞**を使う。「肉は切られる」という受動の関係から①を選ぶ。

答8 ケイトは飛行機の予約が取れていたら，ロンドンに行っていただろう。
　　　 8 ⇒③ if she had been able
　　▶帰結節が **would have V$_{pp}$** なので，過去の事実に反する仮定の文だと推測する。**仮定法過去完了**の **if S had V$_{pp}$** を使った③が正解。

答9 あなたがいつ出発するか知っていたら空港に見送りに行ったのに。
　　　 9 ⇒② had I known
　　▶帰結節が **would have V$_{pp}$** なので，**仮定法過去完了**だとわかる。仮定法過去完了は，ifを使わずに **had S V$_{pp}$** とも表せる。①④は帰結節と対応しない。③も他動詞 did と when 以下の目的語が合わない。

答10 彼は実際は何も知らなかったのに，まるで私たちの計画をすべて知っているかのように話した。
　　　 10 ⇒③ as though
　　▶ **as if[though] .....**（……かのように）は，現実に反する様態を示す。主節の動詞の時制を基準にして，同じ時点の内容を表す場合は **as if[though] S Vp**，それより前の内容を表す場合は **as if[though] S had V$_{pp}$** が使われる。

答11 ジムは難なく競走に勝った。たとえ練習していなかったとしても，彼はやはり勝っていただろう。
　　　 11 ⇒④ won the race easily
　　▶仮定法の内容を見て，現実に起こった内容を推測させる問題。後ろの文に注目すると，ジムは楽に勝ったとわかる。後ろの文は仮定法過去完了で書かれているので，過去形でありかつ競走に勝ったという④が正解。

答12 重大な危機が生じたら，政府は迅速に行動をしなければならないだろう。
　　　 12 ⇒③ Were a serious crisis to arise
　　▶「万が一SがVするのならば」は，**if S should V**や**if S were to V**で表す。**if S were to V**は，**were S to V**にも書き換えられる。③はIf a serious crisis were to arise と同じ。条件を表す副詞節の中では未来形は使えないので①は不可。②は接続詞がない。また，suppose はifの代用として使えるが，ここでは過去の事実に反する仮定ではないので仮定法過去完了の④は不可。would have to act を仮定法過去完了に見誤らないように注意。

☐ **13** I would have come [13] I been invited.

① should ② if

③ when ④ had

〔同志社大 (工)〕

🔶☐ **14** [14] home earlier, he would have been able to meet his father at the station.

① Leaving ② Had he left

③ If he left ④ If he were leaving

〔同志社大 (文)〕

☐ **15** You looked [15] a ghost when you came out of the house. What happened?

① like to have seen ② like seeing

③ as if you had seen ④ as though to have seen

〔中央大 (理工-数・電・応化・管理)〕

☐ **16** I wish people [16] rustle their programs while the band is playing.

① who like music ② in the hall

③ are able to ④ would not

〔早稲田大 (理工)〕

頻出☐ **17** The doctor insisted that his patient [17] for two months.

① take it easy ② to take it easy

③ takes it easy ④ taking it easy

〔英検準 1 級〕

🔶☐ **18** [18] he need more information, there are plenty of good manuals available.

① Did ② Had

③ If ④ Should

〔慶應義塾大 (経)〕

答13 もし招待されていたら，私は来ただろう。

⬚13⬚ ⇒ ④ had

▶帰結節が **would have V_{pp}** なので，**仮定法過去完了**の文だとわかるが，ifを入れても助動詞hadがないので成立しない。仮定法過去完了のif S had V_{pp}は，ifを使わずに **had S V_{pp}** で表せるので④を選ぶ。

答14 もう少し早く家を出ていれば，彼は父親に駅で会うことができたのに。

⬚14⬚ ⇒ ② Had he left

▶帰結節が **would have V_{pp}** なので，**仮定法過去完了**だとわかる。また選択肢より，「彼がもっと早く家を出ていたならば」という意味になることが推測できる。仮定法過去完了の条件節は，**had S V_{pp}** でも表せるので②が正解。ifを使って書き換えると，If he had left home earlier となる。

答15 あなたがその家から出てきたとき，まるで幽霊でも見たかのようだったよ。何があったんだ。

⬚15⬚ ⇒ ③ as if you had seen

▶普通ではありえない「幽霊を見た」かのようにという，現実に反する様態を表すには as if[though] ..... を使う。「あなたが見えた」のより「あなたが幽霊でも見た」の方が前の時点だと考えられるので，**主節より前の時**を示す **as if[though] S had V_{pp}** にあてはまる③を選ぶ。

答16 私はバンドの演奏中に人々にプログラムでカサカサと音を立てないでほしい。

⬚16⬚ ⇒ ④ would not

きそ ▶I wish / I wished に続く節は，**主節と同じ時制ならI wish S V_p**（SがVすればいいなあ），**前の時制ならI wish S had V_{pp}**（SがVしていたらよかったなあ），未来の内容を願うなら，willの過去形wouldを使って **I wish S would V** にする。文脈から否定文が入ると考えられるので①②③は不可。

答17 医者は2カ月間安静にすべきだと患者に言った。

⬚17⬚ ⇒ ① take it easy

▶**insist** のような**提案，要求，主張，命令**を表す動詞の後ろに **that節** を続ける場合，**原形動詞やshould＋原形動詞**が使われる。主節のinsistedは過去形だが，このような場合には時制の一致のルールは適用されない。

答18 万が一彼がもっと情報を必要とするなら，利用できる良い手引き書がたくさんある。

⬚18⬚ ⇒ ④ Should

▶未来を表す仮定法の **if S should V**（万が一SがVするのならば）は，**should S V** とも表せる。If he should need more information がShould he need more information となったと考え，④を選ぶ。①は過去の疑問文になるが後ろとつなぐ接続詞がない。②は仮定法過去完了になるがneedという原形と文法的に合わない。③は動詞needに3単現のsが必要となる。

19 The Government ordered that the price of household soap [19] reduced by two pence.

① be   ② is
③ was   ④ can be

〔上智大（理工 - 機械・電工）〕

20 It was apparent to everyone present [20] .

① that he would die if he does not receive medical attention
② that if he did not receive fast medical attention that he would die
③ his dying would occur unless he would receive fast medical attention
④ that if he did not receive medical attention fast he would die

〔上智短大〕

問 2：次の英文の下線部のうち，誤った英語表現を含む番号を選べ。

21 What ①would you do if a millionaire everyone ②disliked ③asks you to ④marry him?

誤り＝ [21]   〔早稲田大（人間科）〕

22 The university recommends that student clubs ①are accepting the ②responsibility for ③cleaning up after the rugby match ④is finished.

誤り＝ [22]   〔慶應義塾大（商）〈改〉〕

23 Had ①you come ②on time, ③you'd heard ④a most vivid account of his adventure in the Philippines.

誤り＝ [23]   〔成蹊大（法）〕

答19 家庭用石鹸の価格を２ペンス下げるように政府は命令した。

19 ⇒ ① be

⚠️ ▶ **order**のような**提案，要求，主張，命令**など現状を変えることを求めるような動詞に続くthat節内では，**原形動詞**か**should＋原形動詞**が使われる。受動態のbe動詞が空所に入ると考えられるので，原形の① beが正解。

答20 彼がすぐに手当を受けなければ死んでしまうことは，そこにいた誰の目にも明らかだった。

20 ⇒ ④ that if he did not receive medical attention fast he would die

▶ 形式主語itと名詞節を作る接続詞thatが使われた文だということを，まず認識する。③はthatがなく，また，**接続詞unless**は普通は**仮定法では使われない**。②はifとthatという２つの接続詞が存在しているが，２つの文をつなぐためには接続詞は１つでよい。①はif節の中が現在形なので不可。仮定法過去の④が正解。be apparent to ～は「(人) にとって明白だ」。presentは「その場にいる，出席している」という意味で名詞を後ろから修飾することが多い。

答21 もしみんなが嫌っている大金持ちが，あなたと結婚したいと言ったらどうする。

21 ⇒ ③ asks → asked

▶ whatで始まる帰結節は，現在の事実に反する仮定を表すときに使われる助動詞wouldを用いた疑問文。if以下の条件節も仮定法にしなければならないが，主語のa millionaireを受ける動詞が現在形なので，過去形のaskedに訂正する。everyone dislikedはa millionaireを修飾する節。

答22 大学は，ラグビーの試合終了後に学生のクラブが掃除する責任を引き受けるように奨励している。

22 ⇒ ① are accepting → accept[should accept]

▶ **recommend**のような**提案，要求，主張，命令**など現状を変えることを求める動詞の後ろの**that節**内では，**原形動詞**や**should＋原形動詞**が使われる。are acceptingという現在進行形を訂正する。

答23 来るのが間に合っていれば，君は彼のとても真に迫ったフィリピンでの冒険の説明が聞けたのに。

23 ⇒ ③ you'd heard → you could[would] have heard

▶ 形から考えて③のyou'dはyou hadの短縮形だが，仮定法過去完了の帰結節なので，**助動詞の過去形 have V_{pp}**の形を使うのが正しい。条件節はifが省略された倒置形になっている。

□ **24** This morning I left ①much earlier than ②usual. ③Otherwise, I ④would miss my train.

誤り＝ [24]

〔東邦大(医)〕

□ **25** If it ①was not ②for your help, I ③could not ④succeed. I appreciate it!

誤り＝ [25]

〔立正大(文)〕

問3：日本文に合う英文になるように選択肢の語を並べ替え，空所に入るものを選べ。

頻出 □ **26** あなたの助けがなかったら，僕の本は公にされなかったでしょう。

But ＿＿＿ ＿＿＿ [26] ＿＿＿ ＿＿＿ [27] ＿＿＿ ＿＿＿ light.

① my book   ② not
③ help   ④ to
⑤ your   ⑥ would
⑦ for   ⑧ have been brought

〔立命館大(法)〕

□ **27** 来ようと思えば，もっと早く来られたのですが。

I ＿＿＿ [28] ＿＿＿ ＿＿＿ [29] ＿＿＿.

① earlier   ② if   ③ have come   ④ I had wanted
⑤ could   ⑥ to

〔関西大(法)〕

◆難 □ **28** それをもっと綿密に調べていたら，新事実が出てきただろうに。

＿＿＿ [30] ＿＿＿ ＿＿＿ [31] ＿＿＿.

① a new fact   ② of
③ might   ④ a closer examination
⑤ it   ⑥ have revealed

〔関西大(法)〕

Answers

答24 けさ私は普段よりずっと早く出た。そうでなければ列車に乗り遅れただろう。

24 ⇒④ would miss → would have missed

▶ Otherwise は，前の文から考えて，「もし普段よりずっと早く出ていなかったら (if I had not left much earlier than usual)」の意味である。したがって，仮定法過去完了の帰結節の形を使うのが正しい。

答25 もし君の助けがなければ，私は成功できないだろう。感謝するよ！

25 ⇒① was → were

▶仮定法過去の be 動詞は were を使うのが普通で，時に was も使われる。しかし，**if it were not for ～（もし～がなければ）** はこれで一つの慣用表現なので，この were の代わりに was を使うことはできない。

答26 But for your **help** my book would **not** have been brought to light.

26 ⇒③ 27 ⇒② (7-5-**3**-1-6-**2**-8-4)

▶ **but for ～** や **without ～** は「**もし～がないならば [なかったならば]**」という意味で，if 節を代用できる。過去の事実に反する仮定なので，仮定法過去完了の帰結節 S would have V$_{pp}$ を使う。**bring ～ to light（～を明るみに出す）** という重要熟語が，ここでは受動態で使われている。

答27 I could **have come** earlier if **I had wanted** to.

28 ⇒③ 29 ⇒④ (5-**3**-1-2-**4**-6)

▶選択肢に if と I had wanted があることから，仮定法過去完了の文だとわかる。if I had wanted to の to は代不定詞で，後ろに come が省略されている。この if 節の方を後ろにすることに注意。

答28 A closer examination **of** it might **have revealed** a new fact.

30 ⇒② 31 ⇒⑥ (4-**2**-5-**3**-**6**-1)

▶仮定法過去完了の if 節が，**無生物主語**の A closer examination of it「それのより綿密な調査」で代用されている。仮定法過去完了の条件節に書き換えると，If we had examined it more closely となる。帰結節は would[might] have V$_{pp}$ にあてはめる。

Lesson
04
仮定法

81

□ **29** もし彼女がちょっとの間考えていたなら，そんな悪い決定はしなかっただろう。

If she had ＿＿ 32 ＿＿ ＿＿ 33 ＿＿ , she would not have made such a bad decision.

① a ② to ③ herself ④ given

⑤ think ⑥ minute

〔立教大（文A）〕

□ **30** 彼らのおかげで私は大変助かった。もし私が独りぼっちだったなら，どうなっていただろうか。

They helped me a lot. I wonder what ＿＿ ＿＿ 34 ＿＿

＿＿ 35 ＿＿ ＿＿ .

① happened ② been ③ have ④ had

⑤ would ⑥ all alone ⑦ I ⑧ if

〔慶應義塾大（商）〕

答29 If she had given **herself** a minute to think, she would not have made such a bad decision.

32 ⇒ ③　33 ⇒ ②　(4-**3**-1-6-**2**-5)

▶始まりと後半から，仮定法過去完了の文とわかるので，まずhadの後ろに過去分詞を置く。give は第4文型の動詞なので，名詞を後ろに2つ連続させることができる。give O₁ O₂ で「O₁ に O₂ を与える」。to think は minute を修飾する形容詞的用法の不定詞。

Lesson
04
仮定法

答30 They helped me a lot. I wonder what would have **happened** if I **had** been all alone.

34 ⇒ ①　35 ⇒ ④　(5-3-**1**-8-7-**4**-2-6)

▶過去の現実に対立する内容を仮定する**仮定法過去完了**の文。帰結節は wonder という他動詞に続く疑問詞節になっており，what を主語として what would have happened とすればよい。この後ろに条件節の **if S had V_pp** を続ける。be all alone は「独りぼっちである」という慣用表現。

REVIEW

はじめのうちは，どのような場合に仮定法を使うのかということがなかなかつかみづらいのではないでしょうか。皆さんはせっかく英語を学習しているのですから，ぜひ英語の映画やドラマ，動画などを見てみてください。すると，英語の会話の中では仮定法が非常によく使われていることに気がつきますよ。習った英文法事項がどのように会話の中で使われているかを知ることも英語学習の楽しみの一つです。

否定をしっかりマスターするには，まず部分否定と全体否定の違いを押さえること。さらに，準否定語を肯定と勘違いしないように正確に記憶することも重要。また否定的副詞句が文頭に移動した倒置構文も大きなポイントとなっているので，しっかりと使いこなしていきたい。

1 準否定語

> 問　It was so dark that they could ☐ .
> ① hard see　② hardly see　③ see hard　④ see hardly
>
> 〔千葉商大（経）〕

　否定語というと not や never をまず最初に思いつくが，**hardly** や **scarcely** も「**ほとんど‥‥‥ない**」という意味で否定の働きをする。このような否定語を準否定語と呼ぶ。hardly や scarcely も，not と同じように助動詞と動詞の間に置かれるので，could hardly see という語順になる②が正解。

　ちなみに，hard は「一生懸命」という意味の副詞。他に代表的な準否定語としては **seldom**，**rarely**（めったに‥‥‥ない），**little＋不可算名詞，few＋可算名詞の複数形**（ほとんど‥‥‥ない）などがある。

　答⇒②（訳：とても暗かったので，彼らはほとんど見ることができなかった。）

2 部分否定

> 問　A great teacher is not ☐ a good parent.
> ① needed　② in need　　③ necessary　④ necessarily
>
> 〔獨協大（外）〕

　not necessarily ..... は「**必ずしも‥‥‥というわけではない**」という意味で，すべてを否定せずにやわらかく部分だけを否定することから，部分否定と呼ばれる。これに対してすべてを否定するものを全体否定と呼ぶが，この区別は非常に重要なので代表的なものは頭の中で整理して覚えておきたい。

　答⇒④（訳：立派な教師が，必ずしも良い親であるというわけではない。）

● 代表的な部分否定のパターン ●

☐ not necessarily ..... ＝必ずしも・・・・・というわけではない

例 Having a big house is not necessarily a sign of happiness.
（大きな家を持っていることが，必ずしも幸せの証しというわけではない。）

☐ not always ..... ＝常に・・・・・というわけではない

例 The first impression is not always correct.
（第一印象が常に正しいというわけではない。）

☐ not all 〜 ＝すべての〜が・・・・・というわけではない

例 Not all fast food is unhealthy.
（すべてのファストフードが健康に悪いというわけではない。）

☐ not both 〜 ＝両方の〜が・・・・・というわけではない

例 We can't watch both movies tonight, so we have to choose one.
（今夜両方の映画を見ることはできないので，どちらか1つを選ばなければならない。）

● 代表的な全体否定のパターン ●

☐ not ..... at all ＝全く・・・・・ない

例 This movie was not scary at all.
（この映画は全く怖くなかった。）

☐ not any 〜 ＝どんな〜も・・・・・ない

例 There aren't any shops open late near my house.
（私の家の近くには遅くまで開いている店はどこもない。）

☐ not ..... either 〜 ＝どちらの〜も・・・・・ない

例 I didn't like either dress, and I couldn't decide.
（どちらのドレスも気に入らなかったので，私は決断できなかった。）

3 否定語＋倒置

　英文の中で，ある語句を強調する方法はいろいろあるが，一つの方法が強調したい語句を文頭に出してくるという方法だ。例えば，I have never been to Kyoto.（私は一度も京都へ行ったことがない。）という文の「一度もない」という否定を強調するために，never を文頭に出すことができ，Never have I been to Kyoto. のようになる。注目してほしいのが，never が前に出たときには，文の形が疑問文のような形，すなわち倒置の語順に変わっているということ。このように，否定的な副詞や副詞句が文頭に出された場合には，文が疑問文のような倒置の語順になるのだ。

　この文では，never という１語の否定語が前に出て強調されたが，これは必ずしも１語とは限らない。

●── 否定的な副詞句＋倒置の文の例 ──●

例 Not until the final moment did he understand the importance of the decision.
（最後の瞬間になるまで，彼はその決定の重要性を理解していなかった。）

---

4 only ..... ＋倒置

問　昨日になってやっとその事実を知った。（３語不要）

_____ _____ _____ _____ _____ the fact.

① yesterday　② I　　　　③ know　　④ did
⑤ knew　　　⑥ only　　　⑦ it　　　　⑧ was

〔東京理大（理－数・物・化）〕

　明確な否定語がない only .....（・・・・になってようやく）も，never や little などの否定語と同じく前に出た強調の形でよく使われる。この場合にも後ろが疑問文のような倒置の語順になる。ここでは，Only yesterday という副詞句が文頭で強調されて，後ろは助動詞 did が前に出た倒置の形になっている。

答 ⇒ 6-1-4-2-3　不要＝ 5，7，8

（Only yesterday did I know the fact.）

Lesson

05

否定

● only ＋副詞節が文頭に出た文の例 ●

例 Only when I met her did I realize how much I had missed her.
（彼女に会ったときにようやく，私はどれだけ彼女に会いたかったか気がついた。）

このような語順は，小説などでよく見かける表現なので，否定を学ぶこの機会にしっかりと押さえておきたい。

これと似たような倒置の語順はneitherやnorという否定語を使った場合にも起こる。

● neither ＋倒置の文の例 ●

例 I don't agree with him, and neither does any one of us.
（私は彼に同意しないし，私たちの中で誰も同意しない。）

「〜もまた……ない」という意味を持った副詞neitherが前に出て，やはり後ろは疑問文のような倒置の語順になっている。neitherの代わりにnorを使ってI don't agree with him, **nor** does any one of us.のようにいうこともできる。こちらも倒置の語順に気をつけて，押さえておきたい表現である。

肯定の場合には，I agree with him, and **so** does she.のようにsoを使って表現する。

● 「〜もまた……である［でない］」の表現 ●

□否定文　S not V // S not V, either　　　　　＝Sもまたそうしない
　　　　　= neither[nor] 助動詞[be動詞] S

例 I don't agree with him, and not any one of us does, either.
　 I don't agree with him, and neither does any one of us.
　 I don't agree with him, nor does any one of us.
（私は彼に同意しないし，私たちの中で誰も同意しない。）

- -

□肯定文　S V // S V, too　　　　　　　　　　＝Sもまたそうする
　　　　　= so 助動詞[be動詞] S

例 I agree with him, and she does, too.
　 I agree with him, and so does she.
（私は彼に同意するし，彼女も同意した。）

問1：次の英文の空所に入れるのに最も適当なものを選べ。

□ 1　We can complain about the weather, but we can do ☐ 1 ☐ to control it.

　　① few　　　　　　　　　② a little

　　③ a few　　　　　　　　④ little　　　　　〔上智大（経-経営・神）〕

□ 2　The information is of ☐ 2 ☐ or no use. We don't need it at all.

　　① little　　　　　　　　② a little

　　③ much　　　　　　　　④ very much

〔関西外語大〕

◆難 □ 3　We hoped some students would come, but there were ☐ 3 ☐ in the classroom.

　　① no one　　　　　　　② nobody

　　③ none　　　　　　　　④ nothing

〔東海大（理・工）〕

□ 4　I tried to tell him that it didn't have ☐ 4 ☐ to do with me at all.

　　① something　　　　　　② nothing

　　③ anything　　　　　　④ anyone

〔上智大（文）〕

□ 5　We cannot ☐ 5 ☐ see the star with the naked eye.

　　① help　　　　　　　　② necessarily

　　③ hardly　　　　　　　④ scarcely

〔中央大（商）〕

頻出 □ 6　There are blind people and there are deaf people, but the vast majority of the population will not fall into ☐ 6 ☐ of these two categories.

　　① either　　　　　　　② neither

　　③ both　　　　　　　　④ some　　　　　〔早稲田大（理工）〕

答1 天気のことは，あれこれ言えても操作することはほとんどできない。

⬜1 ⇒ ④ little

🟦き▶逆接の接続詞butがあるので，後半の文は否定的な内容となる。**a few**や**a little**は，「少しはある」という肯定的な意味になり，**few**や**little**は**準否定語**で「ほとんど‥‥‥ない」という意味になる。漠然とした内容に言及しているので，数えられないものに使う④が正解。

答2 その情報はほとんど，あるいは全然役に立たない。私たちには，全く必要ない。

⬜2 ⇒ ① little

▶**be of 抽象名詞**は，**be 形容詞**とも書き換えられる重要表現。be of useは，be usefulと同じ意味になる。否定にするには，抽象名詞の前にnoやlittleなどの否定語や準否定語を置く。ここでは，orという接続詞でlittleとnoを並べる。②③④は肯定的な意味を持っており，後ろの文と意味的に合わない。

答3 私たちは何人かの生徒が来ればいいなと思っていたが，教室には誰もいなかった。

⬜3 ⇒ ③ none

⚠▶①②④は共に単数扱いの否定の代名詞。noneは代用する名詞に合わせて複数扱いか単数扱いかが決まる。thereの後ろが複数に対応するwereなので，③が正解。no studentsの反復を避けて使われている。

答4 それは私となんの関係もないと，私は彼に言おうとした。

⬜4 ⇒ ③ anything

▶「～と関係がある」は，**have something to do with ～** と表す。「～と関係ない」は**have nothing to do with ～** で，do not have anything to do with ～ とも書き換えられる。**no＝not＋any**と覚えておくと便利。

答5 私たちは裸眼では，必ずしもその星を見ることはできない。

⬜5 ⇒ ② necessarily

▶**not necessarily .....（必ずしも‥‥‥というわけではない）**は，部分否定の構文。③④は「ほとんど‥‥‥ない」という準否定語で，notと重複するので不可。また，①は**cannot help Ving（Vせざるをえない）**と考えても，意味的にも文法的にも合わない。

答6 目の不自由な人と耳の不自由な人がいるが，人口の大多数はこれら２つの範疇のどちらにも入らない。

⬜6 ⇒ ① either

▶後半が「２つの範疇のどちらにも入らない」となることを推測。２つのものに関して**完全に否定**する場合，**not ..... either**か**neither .....** を使う。②はnotと重なり，意味が逆になる。③は「両方とも‥‥‥というわけではない」という部分否定になり意味的におかしい。④ someは普通，３つ以上のものに使う。

☐ **7** ☐7☐ left in this city where you can enjoy nature.

① Rarely any place   ② In no place

③ There's seldom no place   ④ There's scarcely any place

〔聖学院大（政経）〕

☐ **8** ☐8☐ his or her homework.

① No every students do   ② No every student does

③ Not every students do   ④ Not every student does

〔東海大（海洋・健康）〈改〉〕

☐ **9** I haven't read ☐9☐ of his novels, but judging from the one I have read, I think he's a very promising writer.

① any   ② both

③ either   ④ none

〔センター試験（追）〕

頻出 ☐ **10** For short stays, Canada does not require that we obtain visas to enter the country, and ☐10☐ .

① neither the U.S. does   ② the U.S. doesn't, either

③ the U.S. does neither   ④ the U.S. doesn't, too

〔慶應義塾大（経）〕

難 ☐ **11** George did most of the work; he didn't do it ☐11☐ .

① all   ② most

③ more   ④ at all

〔慶應義塾大（環境情報）〕

☐ **12** ☐12☐ received Ph.D. degrees as today.

① Women who have never   ② Never have so many women

③ Never so many women have   ④ So many women are

〔同志社大（文）〕

新刊

英語長文レベル別問題集 改訂版

シリーズ累計**140**万部のベストセラーがついに改訂!

\ 圧倒的速読力を養成! /

中学レベルからの
やさしい演習!

やさしい長文で
基礎を固めよう!

入試標準レベルの
英文に慣れよう!

共通テスト&中堅私大で
高得点をねらおう!

有名私大合格レベルの
得点力を身につける!

難関大入試に向けて
万全の固めをしよう!

【著】安河内哲也／大岩秀樹
【定価】レベル①～④：900円+税／レベル⑤～⑥：1,000円+税
【体裁】A5判／144～192頁／3色刷

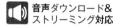
音声ダウンロード&
ストリーミング対応

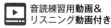
音読練習用動画&
リスニング動画付き

本シリーズの特長

1 中学レベルから最難関大学レベルまで,
自分に合ったレベルからスタートして段階的に実力アップ!

2 実際の入試で出題された良質な英文を厳選。
改訂にともない,最新の傾向に合ったテーマの英文を新規収録!

3 すべての問題文(英文)に音声&2種類の動画付き!
リーディング力とリスニング力を同時に強化!

志望校と本シリーズのレベル対照表

難易度	偏差値	志望校レベル		英検	本シリーズの レベル(目安)
		国公立大	私立大		
難 ↑	~67	東京大,京都大	国際基督教大,慶應義塾大,早稲田大	準1級	⑥最上級編
	66~63	一橋大,東京外国語大,筑波大,名古屋大,大阪大,北海道大,東北大,神戸大,東京都立大,大阪公立大	上智大,明治大,青山学院大,立教大,中央大,同志社大		⑤上級編
	62~60	お茶の水女子大,横浜国立大,九州大,名古屋市立大,千葉大,京都府立大,奈良女子大,金沢大,信州大,広島大,都留文科大	東京理科大,法政大,学習院大,武蔵大,中京大,立命館大,関西大,成蹊大	2級	④中級編
	59~57	茨城大,埼玉大,岡山大,熊本大,新潟大,富山大,静岡大,滋賀大,高崎経済大,長野大,山形大,岐阜大,三重大,和歌山大	津田塾大,関西学院大,獨協大,國學院大,成城大,神奈川大,女子大,駒澤大,専修大,東洋大,日本女子大		
	56~55	【共通テスト】,宇都宮大,広島市立大,山口大,徳島大,愛媛大,高知大,長崎大,福井大,大分大,鹿児島大,福島大,宮城大	玉川大,東海大,文教大,立正大,西南学院大,近畿大,東京女子大,日本大,龍谷大,甲南大	準2級	③標準編
	54~51	弘前大,秋田大,琉球大,長崎県立大,名桜大,青森公立大,石川県立大,秋田県立大	亜細亜大,大妻女子大,大正大,国士舘大,東京経済大,名城大,福岡大,杏林大,白鷗大,京都産業大,創価大,帝京大,城西大		②初級編
	50~	北見工業大,室蘭工業大,釧路公立大,公立はこだて未来大,水産大	大東文化大,追手門学院大,関東学院大,桃山学院大,九州産業大,拓殖大,摂南大,沖縄国際大,札幌大		
	—	難関公立高校(高1・2生)	難関私立高校(高1・2生)	3級	①超基礎編
易 ↓		一般公立高校 (中学基礎~高校入門)	一般私立高校 (中学基礎~高校入門)		

お問い合わせ 株式会社ナガセ 出版事業部(東進ブックス)
〒180-0003 東京都武蔵野市吉祥寺南町1-29-2
TEL:0422-70-7456 / FAX:0422-70-7457

答7　この都市には自然を満喫できる場所がほとんど残っていない。

　　　　7 ⇒④ There's scarcely any place

　　　▶ leftは文脈上,「残す」という意味の他動詞の過去分詞で, left in this cityという過去分詞句がplaceを修飾していると考える。①と②は主語述語が成立しない。③ **seldom** は**準否定語**なのでnoと重なる。正解は④。**scarcely .....**（ほとんど・・・・・ない）は準否定語で, 同じ意味の表現に **hardly .....** がある。

答8　生徒全員が宿題をするというわけではない。

　　　　8 ⇒④ Not every student does

　　きそ ▶ **部分否定**の構文と同時に, notとnoの違いやeveryの用法に注意。**no** は冠詞や所有格代名詞, everyの前に置くことはできないので①②は不可。さらに **every** は後に**単数形**の名詞を置く形容詞なので, 複数形の③も不可。

答9　彼の小説を両方とも読んだわけではないが, 読んだ方の本から判断すると, 彼はとても有望な作家だと思う。

　　　　9 ⇒② both

　　⚠ ▶ but以下から「私は少なくとも1冊の小説を読んだ」ことがわかる。**全体否定**の**not ..... any** や **not ..... either** の①③は不可。④は否定語が重なるので不可。**部分否定**の**not ..... both**（両方とも・・・・・というわけではない）を使う。

答10　カナダでは, 短期滞在に入国のためのビザを取得する必要はない。アメリカもそうである。

　　　　10 ⇒② the U.S. doesn't, either

　　　▶「～もまた・・・・・ない」を表すには, **否定文の後ろにカンマ＋either**を置くか, **neither**や**nor**などを前に出し, 後ろを**疑問文のような語順**にする方法がある。正解は②。doesn'tの後ろに, require that we obtain visas to enter the countryが省略されていると考えればよい。

答11　ジョージはほとんどすべての仕事を終わらせた。しかしすべての仕事を終わらせたわけではなかった。

　　　　11 ⇒① all

　　　▶「部分的には終わったが, すべて終わっているわけではない」という部分否定になると推測する。**全体否定**の**not ..... at all**（全く・・・・・ない）ではなく, **部分否定**の**not ..... all**（すべてが・・・・・というわけではない）を使う。

答12　今日ほど多くの女性が, 博士の学位を受けたことはない。

　　　　12 ⇒② Never have so many women

　　　▶**否定的な副詞や副詞句を文頭に置き強調すると, 後ろは助動詞[be動詞]＋主語**という疑問文の語順になる。①はwho以下がすべてWomenの修飾部分となり, 主語述語関係が成立しない。③はNeverの後ろが疑問文の語順になっていない。④は主語の女性が「受け取られる」という受動態の文になり, 意味的に合わない。

Lesson
05
否定

☐ **13** A : I can't remember his name.

B : [13] .

① Neither can I　　　　② Can't I either

③ Either can't I　　　　④ Neither I can　〔慶應義塾大(環境情報)〕

頻出 ☐ **14** [14] did she dream that her son would commit suicide.

① Little　　　　　　　② Curiously

③ Unless　　　　　　　④ Unexpectedly

〔獨協大(外)〕

☐ **15** [15] did I begin to see the results of my work.

① After a year only　　② Only after a year

③ A year only later　　④ Later only a year　〔英検2級〕

☐ **16** Not only [16] that he had not done his best, but also he was very angry at himself.

① he did regret　　　　② was he regretted

③ he regretted　　　　④ did he regret

〔英検準1級〕

☐ **17** Not until one gets very sick [17] health.

① does he start to appreciate　② does he start to understand

③ he starts to realize　　　　④ he starts to thank

〔慶應義塾大(経)〕

☐ **18** I am not the sort of person who can listen sympathetically to someone's personal crisis. [18] am I the sort of human being who can go to a perfect stranger in trouble and offer words of aid and comfort.

① Unless　　　　　　　② So

③ Lest　　　　　　　　④ Nor　　〔明星大(理工－物・化)〕

答13 A：「私は彼の名前を思い出せない。」　B：「私もだよ。」

13 ⇒① Neither can I

きそ ▶**neither**や**nor**のような否定語を文頭に出し，後ろを**助動詞[be動詞]＋主語**という疑問文の語順にする。使われる助動詞やbe動詞は，対応する文に合わせて決める。②③はI can't, eitherであれば正解だが，いずれも語順がおかしい。④は助動詞canの位置が主語の後ろなので不可。

答14 彼女は息子が自殺するなどとは夢にも思わなかった。

14 ⇒① Little

▶**否定的な意味を持つ副詞や副詞句を強調のために文頭に置く**と，後ろは**助動詞[be動詞]＋主語**の語順になる。空所の後ろの語順から①が正解とわかる。③はUnless S Vで「SがVしなければ」という意味の接続詞。② Curiously（奇妙にも）や④ Unexpectedly（予期せずに）は否定的な意味を持つ副詞ではないため，入らない。

答15 1年後になってようやく私は，自分の仕事の結果が見えてきた。

15 ⇒② Only after a year

▶**否定的な副詞や副詞句を文頭に置く**と，後ろは**助動詞[be動詞]＋主語**の語順になる。**only .....**（‥‥‥になってようやく）は否定的副詞句で，時を表す表現の前に置く。①③④は，onlyが文頭に出ていないので不可。

答16 彼はベストを尽くさなかったことを後悔していただけでなく，自分に対してかなり腹を立てていた。

16 ⇒④ did he regret

⚠ ▶**not only**のような**否定的副詞句が強調のため文頭にある場合**，後ろは**助動詞[be動詞]＋主語**の語順になる。①③は語順が誤り。②は受動態になっているので不可。**not only V₁ S₁ but (also) S₂ V₂** は，「**S₁がV₁するばかりではなく，S₂もV₂する**」という意味の重要構文。

答17 重い病気になって初めて健康のありがたみがわかる。

17 ⇒① does he start to appreciate

▶空所の前は**否定的意味を持つ副詞節**。後ろは**助動詞[be動詞]＋主語**の語順が続く。動詞はunderstand（理解する）ではなく，appreciate（〜の価値を認める，〜をありがたく思う）を使うと意味が通る。**not until ..... V S**は，「**‥‥‥になって初めてSはVする**」という意味の重要構文。

答18 私は誰かの個人的な危機について同情して聞くことができるような人間ではない。また，全く知らない困っている人のところへ行って，援助や慰めの言葉を掛けることのできるような人間でもない。

18 ⇒④ Nor

▶否定文が反復して「〜もまた‥‥‥ない」という意味になると推測する。空所の後ろが疑問文の語順なので④が正解。また，ここにはNeitherを置くこともできる。①③は従属節を作る接続詞，②は肯定で使われる言葉なので不可。

◆ □ **19** [19] will Mr. Smith be able to regain control of the company.

① With hard work only   ② Only if he hardly works
③ Only with hard work   ④ In spite of his hard work

〔京都外国語短大〕

◆ □ **20** Only after a close re-examination of the material from Mars [20] a new life form.

① did the research staff at NASA discover
② the research staff at NASA did discover
③ the research staff at NASA discovered
④ was the research staff at NASA discovered

〔慶應義塾大(経)〕

問2：次の英文の下線部のうち，誤った英語表現を含む番号を選べ。

□ **21** ①Hardly he had entered ②the office when he realized ③that he had ④forgotten his wallet.

誤り＝ [21]   〔東海大(文・工)〕

□ **22** Not ①until he had come ②back home ③John noticed that he ④had left his wallet in his office.

誤り＝ [22]   〔上智短大〕

□ **23** Elizabeth has ①not rarely missed ②a play or concert ③since she ④was seventeen years old.

誤り＝ [23]   〔専修大(法)〕

答19 懸命に努力してやっと，スミス氏は再び会社を統括できるであろう。

　　　　19 ⇒ ③ Only with hard work

　　　　▶空所の後ろには疑問文の語順が続いているので，**否定的副詞句の only
…..**（**…..になってようやく，…..になって初めて**）が**文頭**に置かれる。①の
「一生懸命働くだけで」，②の「彼がほとんど働かない場合ようやく」，④の「一生
懸命働いたにもかかわらず」では，後ろの文とつながらない。

答20 火星の物質を綿密に再検査した後にようやく，ＮＡＳＡの研究員は，新しい
生命体を発見した。

　　　　20 ⇒ ① did the research staff at NASA discover

　　　　▶空所の前は，「…..になってようやく」という否定的副詞句。**否定的副詞句を文
頭に置き強調した場合，後ろは助動詞［be 動詞］＋主語**という疑問文のような語
順になる。④は be 動詞＋過去分詞 の受動態になるので，意味的にも文法的にもお
かしい。

答21 彼は事務所に入るやいなや，財布を忘れてきたことに気づいた。

　　　　21 ⇒ ① Hardly he had → Hardly had he

　　　　▶**hardly** や **scarcely** は**準否定語**。否定語を文頭に置き強調すると，後ろは助動詞
［be 動詞］＋主語の語順が続く。①を Hardly had he にする。**Hardly[Scarcely]
had S₁ V₁pp when[before] S₂ V₂p** は，「**S₁ が V₁ するとすぐに S₂ は V₂ した**」とい
う頻出構文。同じ意味の構文に，**No sooner had S₁ V₁pp than S₂ V₂p** がある。

答22 ジョンは家に帰って初めて，事務所に財布を忘れてきたことに気づいた。

　　　　22 ⇒ ③ John noticed → did John notice

　　　　▶**not until S V** のような**否定的副詞節**が**文頭**に置かれて強調されると，後ろは**助
動詞［be 動詞］＋主語**の語順となるので，③を did John notice の語順に直す。**not
until ….. V S** は，「**…..になって初めて S は V する**」という意味の頻出構文。

答23 エリザベスは 17 歳の頃から演劇やコンサートをめったに見逃したことがな
い。

　　　　23 ⇒ ① not rarely → rarely

　　　　▶rarely や seldom は「めったに…..ない」の意味で，もともと否定の意味を含ん
でいるので not は不要。hardly・scarcely（ほとんど…..ない）も同様である。

24 I have ①hardly some money, but ②I think I will be able to get a ③loan from the bank tomorrow or ④in the near future.

誤り = [24]

〔上智大（神）〕

25 The Prime Minister ①of Japan refuses ②to accept ③either of ④the five new proposals ⑤made by the politicians.

誤り = [25]

〔早稲田大（理工）〕

問3：日本文に合う英文になるように選択肢の語を並べ替え，空所に入るものを選べ。

■難 26 母が私のために祈らない日は1日もなかった。

＿＿ ＿＿ [26] ＿＿ ＿＿ [27] ＿＿ ＿＿ ．

① a   ② day   ③ but   ④ mother

⑤ my   ⑥ not   ⑦ passed   ⑧ prayed for me

〔梅花女子大（英米文）〕

27 国が偉大であるには必ずしも大国である必要はない。（1語不要）

A nation ＿＿ [28] ＿＿ ＿＿ [29] ＿＿ great.

① necessarily   ② for   ③ of   ④ need not

⑤ to be   ⑥ be powerful   ⑦ it

〔日本大（法−法律・新聞）〕

28 彼女がなぜ困っているのか彼らは全く知らなかった。

Little ＿＿ [30] ＿＿ ＿＿ [31] ＿＿ was in.

① did   ② know   ③ she   ④ they

⑤ trouble   ⑥ what

〔日本大（理工）〕

答24 私はほとんどお金を持っていないが，明日か近い将来には銀行からローンを借りることができると思う。

<u>24</u> ⇒① hardly some money → hardly any money

▶ hardly（ほとんど‥‥‥ない）は準否定語なので，後にはsomeでなくanyを置く。not＋any money＝「全くお金がない」，hardly＋any money＝「ほとんどお金がない」，と考えればよい。

答25 日本の総理大臣は，政治家たちによってなされた5つの新提案のどれも受け入れることを拒んだ。

<u>25</u> ⇒③ either → any

▶ eitherは2つのものについて使うのが原則なので，fiveでなくtwoならeitherでよい。ここでは「5つの提案のどれも受け入れない」という否定の意味を表すので，（refuseという動詞に含まれる否定の意味と結び付いて）全体否定を表すanyを使うのが正しい。

答26 Not a **day** passed but **my** mother prayed for me.

<u>26</u> ⇒② <u>27</u> ⇒⑤ （6-1-**2**-7-3-**5**-4-8）

▶ **not a ～** で，no ～ より**強い否定**を表すことができる。また，butは**but S V**で「**SがVすることなしに**」という**否定を表す接続詞**（現在この用法のbutを使うのはごくまれ）。否定語を2つ重ねて肯定を表している。直訳すると「母が私のために祈らないで1日も過ぎなかった」，つまり「母は毎日私のために祈ってくれた」となる。

答27 A nation need not **necessarily** be powerful for **it** to be great.

<u>28</u> ⇒① <u>29</u> ⇒⑦ （4-1-6-2-7-5） 不要＝③ of

⚠ ▶ **not necessarily .....** は「**必ずしも‥‥‥というわけではない**」という部分否定の構文。needは否定文では助動詞として使えるので，後ろには原形動詞をとる。不定詞の意味上の主語 for it（＝a nation）を不定詞の前に置く。

答28 Little did **they** know what **trouble** she was in.

<u>30</u> ⇒④ <u>31</u> ⇒⑤ （1-4-2-6-**5**-3）

▶ littleなどの**否定語が文頭**に置かれて強調されると，後ろは**助動詞［be動詞］＋主語**の語順になるので，助動詞didをtheyの前に置く。また，whatは疑問形容詞として，直後のtroubleという名詞と合わせて1つの疑問詞句となっている。

☐29 人はせっぱ詰まらなければベストを尽くすものではない。

People ＿＿＿ ＿＿＿ 32 ＿＿＿ ＿＿＿ 33 ＿＿＿ ＿＿＿ .

① forced ② seldom ③ their best ④ to

⑤ do ⑥ are ⑦ until ⑧ they

〔実践女子大（文）〕

頻出 ☐30 いつものことながら，私が書いたものを読み返してみると，不備な点がたくさん目につく。

As is often the case with me, I cannot reread ＿＿＿ ＿＿＿ 34 ＿＿＿ ＿＿＿ 35 ＿＿＿ ＿＿＿ much to be revised.

① finding ② have ③ I ④ that

⑤ there is ⑥ what ⑦ without ⑧ written

〔立命館大（理工）〕

Answers

答29 People seldom do **their best** until they **are** forced to.

  32 ⇒ ③ 33 ⇒ ⑥ (2-5-**3**-7-8-**6**-1-4)

  ▶ **seldom** や **rarely** は「(頻度, 回数が) めったに‥‥ない」, **hardly** や **scarcely** は「(程度が) ほとんど‥‥ない」という準否定語。一般動詞の前に置き, 否定文を作る。文末の代不定詞 to の後ろには do their best が省略されている。

答30 As is often the case with me, I cannot reread what I **have** written without **finding** that there is much to be revised.

  34 ⇒ ② 35 ⇒ ① (6-3-2-8-7-1-4-5)

  きそ ▶ **cannot V₁ without V₂ing** は, 「**V₁ すれば必ず V₂ する**」という意味の重要構文。**関係代名詞 what** の後ろには, 他動詞や前置詞で終わる**不完全な文**が続き, 「‥‥なこと, もの」という意味になる。接続詞 that の後ろには**完全な文**が続き, 「**S が V するということ**」という名詞節を作る。

Lesson
05
否定

REVIEW

このレッスンでも, 覚えるべき表現がたくさん登場しましたね。部分否定と全部否定の表現についても, ただ表を丸暗記するというよりは, たくさんの例文を声に出して練習することで覚えていくのがいいですよ。例文を練習するときに, 文の内容や状況を頭の中でイメージしながら行うことで, 表現のイメージも頭に残りやすくなります。

形容詞・副詞

形容詞をマスターするには，まず限定用法と叙述用法を理解すること。そして限定用法のみの形容詞，叙述用法のみの形容詞で代表的なもの，それぞれの用法で意味が異なるものをマークしておくこと。まぎらわしい形容詞や副詞の区別も頻出なのできちんと押さえておきたい。

1 形容詞の限定用法と叙述用法

問　He is one of the greatest ☐ musicians.
　　① alive　　② asleep　　③ awake　　④ living

〔関西学院大（文）〈改〉〕

　形容詞が，名詞を直接修飾する用法を限定用法，補語として用いられる用法を叙述用法と呼ぶ。ここでは，musiciansという名詞を直接修飾していることから，限定用法の形容詞が使われなければならないとわかる。a-という接頭辞で始まる形容詞は，いずれも叙述用法で使われるので④ livingを選ぶ。

答⇒④（訳：彼は現存する最も偉大な音楽家の中の1人である。）

● まぎらわしい形容詞 ●

①限定用法のみで用いる形容詞

☐ main, total, live

例 You'll find the garden after going through the main gate.
（本門を通っていくと、庭が見つかります。）

②叙述用法のみで用いる形容詞

☐ afraid, alike, alive, asleep, awake, aware

例 All the dogs were alike, and I struggled to find my sister's.
（すべての犬が似ていて、私は妹の犬を見つけるのに苦労しました。）

③限定用法と叙述用法で意味が異なる形容詞

☐ certain　　　　　＝（限定）ある，（叙述）確かな

例 You need to put in a certain amount of sugar. [限定用法]
（一定量の砂糖を入れる必要があります。）

例 I'm certain that he'll be chosen as a speaker. [叙述用法]
（彼がスピーカーとして選ばれることは確実だと思います。）

☐ present　　　　　　　　　＝（限定）現在の，（叙述）出席している

　㊟ I'll email you about the present situation. [限定用法]
　　（現在の状況についてメールしますね。）

　㊟ Turn on the heater when someone is present. [叙述用法]
　　（誰かがいるときはヒーターをつけてください。）

2 日本語と対応しない形容詞と名詞の組み合わせ

　ある名詞と一緒に使われる形容詞の組み合わせについては，日本語で使われるものが，そのまま英語でも対応するとは限らない。例えば，日本語では「重い」と訳される heavy は rain や traffic などの名詞を修飾する。これらは一つのまとまった熟語のように覚えておくのが良いだろう。

● 日本語と対応しない形容詞と名詞の組み合わせ ●

☐ heavy rain　　　　　　　　＝激しい雨

　㊟ We gave up going hiking because of the heavy rain.
　　（大雨のため，私たちはハイキングに行くのを諦めた。）

☐ heavy traffic　　　　　　　＝交通渋滞（激しい交通）

　㊟ Vietnam is famous for its heavy traffic.
　　（ベトナムは激しい交通で有名だ。）

☐ weak coffee　　　　　　　＝薄いコーヒー

　⇔ strong coffee　　　　　　＝濃いコーヒー

　㊟ I prefer weak coffee in the evening to avoid staying awake.
　　（私は夜眠れなくなるのを避けるため，夜は薄いコーヒーを好む。）

　㊟ I need a cup of strong coffee to start my day.
　　（私は一日を始めるために1杯の濃いコーヒーが必要だ。）

☐ a small population　　　　＝少ない人口

　⇔ a large population　　　＝多い人口

　㊟ The town's small population is declining even further.
　　（その町の少ない人口はさらに減少している。）

Lesson
06
形容詞・副詞

例 The country's large population contributes to its economic power.
（その国の多い人口が経済力に貢献している。）

□ a small number ＝少ない数
⇔ a large number ＝多い数
例 A small number of students were selected for the scholarship.
（奨学金には少数の学生が選ばれた。）
例 A large number of birds migrate to this area every year.
（毎年多くの鳥がこの地域に渡ってくる。）

3 主語＋ be 動詞＋形容詞＋ to V では使えない形容詞

問 次の英文の下線部のうち，誤った英語表現を含む番号を選べ。

When children ①watch TV too much, ②parents are
possible to restrict ③the hours that the set is allowed
④to be on. 〔同志社大（工）〕

able などの形容詞は，I am able to speak foreign languages.（私は外国語を話すことができる。）というように，**主語＋be動詞＋形容詞＋to V**で使うことができる。②の下線部では**possible**が使われているが，**possible, necessary, important**などの形容詞はこの形では使えないので，able に変えるか，形式主語itを用いてit is possible for parentsと修正する。

答 ⇒② parents are possible → parents are able [it is possible for parents]
（訳：子供たちがテレビを見過ぎる場合，親たちはテレビをつけておく時間を制限することができる。）

※このしおりで本書の右ページ（解答・解説）を隠すことができます。

得点表

項目	問題数	空欄数	目標点	1回目	2回目	3回目
STAGE-1				得点（日付）	得点（日付）	得点（日付）
Lesson 01 準動詞	30	35	30	点（ ／ ）	点（ ／ ）	点（ ／ ）
Lesson 02 比較	30	35	30	点（ ／ ）	点（ ／ ）	点（ ／ ）
Lesson 03 関係詞	30	35	30	点（ ／ ）	点（ ／ ）	点（ ／ ）
◆中間テスト①	20	20	17	点（ ／ ）	点（ ／ ）	点（ ／ ）
STAGE-2						
Lesson 04 仮定法	30	35	30	点（ ／ ）	点（ ／ ）	点（ ／ ）
Lesson 05 否定	30	35	30	点（ ／ ）	点（ ／ ）	点（ ／ ）
Lesson 06 形容詞・副詞	30	35	30	点（ ／ ）	点（ ／ ）	点（ ／ ）
◆中間テスト②	20	20	17	点（ ／ ）	点（ ／ ）	点（ ／ ）
STAGE-3						
Lesson 07 名詞・代名詞	30	35	30	点（ ／ ）	点（ ／ ）	点（ ／ ）
Lesson 08 前置詞・接続詞	30	35	30	点（ ／ ）	点（ ／ ）	点（ ／ ）
Lesson 09 その他	30	35	30	点（ ／ ）	点（ ／ ）	点（ ／ ）
Lesson 10 動詞の語法	30	35	30	点（ ／ ）	点（ ／ ）	点（ ／ ）
◆中間テスト③	20	20	17	点（ ／ ）	点（ ／ ）	点（ ／ ）
合計	360	410	351	点	点	点

※問題を解いた後，上の表に得点・日付を記入し，学習の指針などにしてください。
※「問題数」は問題文（□1～□30）の数，「空欄数」は空欄（ 1 ）の数です（空欄1つを1点として計算）。

本書で使用する記号

◆S＝主語　◆V＝動詞（原形）　◆O＝目的語　◆C＝補語　◆S V＝文・節（主語＋動詞）

◆Vp＝過去形　◆Vpp＝過去分詞　◆Ving＝現在分詞（or 動名詞）　◆to V＝不定詞

◆～＝名詞　◆... / …＝形容詞 or 副詞　◆..... / ‥‥＝その他の要素（文や節など）

◆[ ]＝言い換え可能　◆( )＝省略可能　※英文中の ( ) の場合

◆A / B＝対になる要素（品詞は関係なし）

4 形容詞と副詞の区別

> 問　They had a ☐ conversation over coffee.
> ① friends　② friend of　③ friendly　④ friendship

　形容詞・副詞の区別をする際には，接尾辞の -ly の働きをよく知っておくことが非常に重要。形容詞に -ly が付くと，副詞の働きをする。一方で，名詞に -ly が付くと形容詞の働きをする。ここでは，conversation という名詞を修飾する形容詞 friendly「友好的な」を入れると文が成立する。接尾辞の -ly が付いて形容詞の働きをするものの数は限られていて，-ly で終わるものの大半は副詞。その点にも注意して，頭の中を整理していくとよい。

答⇒③（訳：彼らはコーヒーを飲みながら友好的な会話をした。）

●━━ 名詞＋ -ly の形で形容詞の働きをするもの ━━●

☐ costly　　　　　　　　　　＝高価な
　例 The lady owns a lot of costly jewels.
　（その女性は高価な宝石をたくさん持っている。）
....
☐ timely　　　　　　　　　　＝適時の，タイムリーな
　例 He came to the cafe in a timely manner.
　（彼はタイミングよくカフェに来た。）
....
☐ lovely　　　　　　　　　　＝すてきな
　例 She wore a lovely dress to the party.
　（彼女はパーティーにすてきなドレスを着て行った。）

●━━ 形容詞＋ -ly で副詞の働きをするもの ━━●

☐ slowly　　　　　　　　　　＝遅く，ゆっくり
　例 She slowly opened the old book.
　（彼女はゆっくりと古い本を開いた。）
....
☐ immediately　　　　　　　＝直ちに
　例 Please reply to this message immediately.
　（このメッセージにはすぐに返信してください。）

問1：次の英文の空所に入れるのに最も適当なものを選べ。

☐ **1** Nowadays not many students want to be teachers, probably because they find teachers' salaries very ☐ **1** .

① cheap

② expensive

③ inexpensive

④ low 〔センター試験〕

頻出 ☐ **2** If you are not ☐ **2** toward your elders in Japanese society, you will often get into trouble.

① respective

② respectable

③ respectful

④ respecting

〔慶應義塾大(商)〕

☐ **3** He is very ☐ **3** about losing the race, so don't mention it.

① sensible

② sensitive

③ sensual

④ sensational

〔慶應義塾大(商)〕

☐ **4** Don't get ☐ **4** over thoughtless remarks of others.

① upward

② upright

③ upset

④ upgrade

〔中央大(経)〈改〉〕

難 ☐ **5** I think that's a very ☐ **5** story.

① credible

② credential

③ credulous

④ credit

〔上智大(法－国際・文)〈改〉〕

☐ **6** The work I was assigned was so ☐ **6** that it took many hours of concentration.

① commanding

② demanding

③ requiring

④ responding

〔同志社大(法・神)〕

答1 近頃，教師になりたいと思う学生はそんなに多くない。たぶん教師の給料がとても低いということを知っているからだろう。

　　1 ⇒ ④ low

⚠ ▶①②③は，いずれも「物」を形容して使われる。空所に入る形容詞は find **O C**「**O**が**C**だとわかる」の**C**となり，**O**にあたる teachers' salaries（教師の給料）を形容する。**給料が高い安いという場合，high-low や large-small などを使う。**

答2 日本の社会では，目上の人に敬意を払わないと，しばしば問題になることがある。

　　2 ⇒ ③ respectful

▶ respect（尊敬する）という動詞に派生する形容詞の識別。① **respective**「それぞれの」，② **respectable**「ちゃんとした，まともな」，③ **respectful**「敬意に満ちた」。④ **respecting** は前置詞として，「〜に関して」。正解は③。

答3 彼は競走に負けることに敏感になっているのだから，そのことに触れてはいけない。

　　3 ⇒ ② sensitive

きそ ▶ sense（感覚，分別）という名詞に派生する形容詞の識別。① **sensible**「分別がある」，② **sensitive**「敏感な」，③ **sensual**「官能的な」，④ **sensational**「人騒がせな」。ここでは②を選ぶ。sensible と sensitive の区別が問われることが多い。

答4 他人の軽率な意見にうろたえるな。

　　4 ⇒ ③ upset

▶ ① upward「上向きの」，② upright「直立した」，③ upset「狼狽して」。④ upgrade は動詞で「格上げする」。答えは③で，もともと動詞の upset（ひっくり返す，狼狽させる）の過去分詞。活用は upset-upset-upset。

答5 それはとても信用できる話だと私は思う。

　　5 ⇒ ① credible

▶ ① credible「信用できる」，② credential「信任状」，③ credulous は「信じやすい」という意味で人間を修飾する。ここでは story（物語）を修飾しているので，①を選ぶ。④ credit は「信用」。

答6 私が割り当てられた仕事はとてもきつかったので，何時間も集中しなければならなかった。

　　6 ⇒ ② demanding

▶動詞から派生した形容詞の識別。command「命令する」，demand「要求する」，require「要求する」，respond「反応する」。ここでは，「仕事に要求が多い」という文脈を読み取って②③に絞る。**demanding は形容詞として使われた場合，「辛い，過酷な，要求の多い」**という意味になるので，②を選ぶ。

難 □7 The Mona Lisa is a ☐7☐ work of art, so it is displayed behind a thick pane of glass in the museum.

① valueless　　　　　　② worthless
③ priceless　　　　　　④ penniless

〔獨協大（外）〕

□8 The station clock is not as ☐8☐ as it should be; it is usually between one and two minutes fast.

① strict　　　　　　② sure
③ accurate　　　　　④ certain　　〔慶應義塾大（環境情報）〕

□9 Vegetables are ☐9☐ and expensive this summer because we've hardly had any rain for two months.

① scarce　　　　　　② steady
③ strict　　　　　　④ slight　　〔英検準1級〕

□10 I think Jack is ☐10☐ . He handles things in such an awkward way. He often knocks things over.

① common　　　　　② clever
③ clumsy　　　　　④ conservative

〔京都外語大〕

□11 I thought I was good at tennis, but I am not ☐11☐ to you.

① equal　　　　　② same
③ near　　　　　④ comparative

〔上智大（法・文）〕

頻出 □12 We could meet downtown. ☐12☐ ?

① Are you convenient　　　② Is it convenient of you
③ Will that be convenient for you　④ Will you be convenient

〔センター試験（追）〕

答7 モナリザは大変貴重な芸術作品で，美術館の厚い窓ガラスの中に飾られている。

　　⇒③ priceless

▲ ▶① valueless「価値がない」，② worthless「価値がない」。③ **priceless** は「値段の付けようがない」から，**大変貴重な**という意味。④ penniless は「無一文の」。文脈から③が正解。同じような意味の単語に，invaluable（貴重な）がある。

答8 その駅の時計は求められるほど正確ではない。たいていは1，2分進んでいる。

　　⇒③ accurate

▶① strict「厳格な，厳しい」，② sure「確実な，確信して」，③ accurate「正確な」，④ certain「確実な，確信して」。計器や人の行為などが「正確な」という場合には，③を使う。名詞との結び付きに注意することが重要。

答9 2カ月間ほとんど雨が降っていないので，今年の夏は野菜が乏しくて，高価だ。

　　⇒① scarce

▶① scarce「欠乏している」，② steady「着実な」，③ strict「厳しい，厳格な」。④ slight は「わずかな」という意味で，限定用法のみで直接名詞を修飾する。ここでは第2文型の補語なので，叙述用法で使うことができる①を選ぶ。

答10 ジャックは不器用だと思う。彼はとても不器用に物を扱う。彼はよく物をひっくり返す。

　　⇒③ clumsy

▶① common「共通の，一般的な」，② clever「賢い，狡猾な」，③ clumsy「不器用な」，④ conservative「保守的な」。「ジャックは手先が器用ではない」と言っているので③を選ぶ。

答11 私はテニスが得意だと思っていたが，あなたにはかなわない。

　　⇒① equal

▶① **equal**「同等の，匹敵する」。② **same**「同じ」は，普通は **the same 〜** で使われる。③ near「近い」は，前置詞のように使われて直後に to は伴わない。④ comparative「比較の」は形容詞。**be equal to 〜** で「〜に匹敵する」となるので，①を選ぶ。

答12 中心街で会いましょう。それでいいですか。

　　⇒③ Will that be convenient for you

▶ convenient という形容詞は普通，「物」を主語にして使う。「**人にとって都合がいい**」という場合，状況の it などを主語にして **it is convenient to[for] 人** とすることが多い。人が主語になっている①④，前置詞 of が使われている②は不可。③は it ではなく that が使われているが，問題ない。

☐ **13** The widow said that she had had a wonderful life with her [13] husband.

① before   ② current

③ late   ④ passed

〔南山大（外）〕

◆ 難 ☐ **14** The Browns live in a [14] house.

① big, white, two-story   ② two-story, white, big

③ white, big, two-story   ④ white, two-story, big

〔センター試験〕

☐ **15** It's a [15] two miles from here to the nearest supermarket.

① longer   ② enough

③ sufficient   ④ good

〔駒澤大（経－経）〕

☐ **16** I have [16] reason to believe that he has not spoken the truth.

① every   ② each

③ very   ④ most

〔学習院大（経）〕

☐ **17** Quite [17] students attended the lecture.

① a few   ② a little

③ a many   ④ number of

〔京都産業大（経営・法・理・工）〕

☐ **18** Did Tom [18] come?

① possible   ② certain

③ ever   ④ probably

〔獨協大（外）〈改〉〕

答13 その未亡人は，亡き夫とすばらしい日々を送ったと言った。

　　　13 ⇒ ③ late

　　　▶ widow は「未亡人 (夫を亡くした女性)」であることから，夫が死去しているということが推測できる。「**故 (もう死んでしまっている)〜**」は，**the[one's] late 〜**を使う。① before「以前に」，② current「現在の」。④ passed は，pass (通り過ぎる) という動詞の過去形・過去分詞。

答14 ブラウン一家は，大きくて白い２階建ての家に住んでいる。

　　　14 ⇒ ① big, white, two-story

　　　▶名詞の前の形容詞は，名詞にとって本質的な要素ほど名詞の近くに置く。また，筆者の主観的判断などを表す形容詞は，名詞と離れたところに置く。具体的には，**冠詞→序数→基数→大きさ，形，性質，色，新旧→材料→名詞の形容詞用法→名詞**の順となる。ここでは，big は主観的判断を表し，white は変化しうる家の外見。「２階建て」は家を建て替えなければ変わらない最も本質的な要素といえる。

答15 ここから一番近いスーパーマーケットまでは，たっぷり２マイルある。

　　　15 ⇒ ④ good

　　　▶距離や時間の前に置いて，それを強調する形容詞は④のみ。②③は「十分な」という意味で，数や量が足りていることを表す。①はこの位置で使うことはできないし，比較対象が考えられない。

答16 私には，彼が真実を言ってないと信じるのに十分な理由があります。

　　　16 ⇒ ① every

　　　▶ reason という名詞を修飾して，「**十分な**」という意味になる形容詞は① every。good を用いることもできる。形容詞と名詞の結び付きで重要なものには他に，**flat refusal** (にべもない拒絶) や **heavy traffic** (激しい交通) などがある。

答17 かなりの学生が講義に出席していた。

　　　17 ⇒ ① a few

　　きそ ▶ **quite[not] a few** は可算名詞に用いられ，「**かなり多くの**」という意味になる。同じ意味で不可算名詞には，quite[not] a little が用いられる。空所の後ろは student という可算名詞なので，①を選ぶ。× quite a many ×や× quite number of ×という表現は存在しない。

答18 トムは来たんですか。

　　　18 ⇒ ③ ever

　　　▶④ probably (たぶん) は起こる可能性が極めて高い物事に関して推測する際に使われる副詞で，意味的に合わない。①②は形容詞なので不可。過去の経験に言及する過去形の疑問文において，強調のために使われることがある。

◆❑ **19** Two passenger trains crashed in Shanghai. The accident was ▭19▭ by brake trouble.

  ① hardly caused　　　　　　② supposedly caused

  ③ drastically caused　　　　④ officially causing

〔京都外語大（英米）〕

❑ **20** In England, if anywhere, ▭20▭ to abolish poverty without destroying liberty.

  ① you would make possible　② you would be possible

  ③ it would be possible　　　　④ it would be you possible

〔同志社大（文）〕

問2：次の英文の下線部のうち，誤った英語表現を含む番号を選べ。

❑ **21** I ①<u>should have been going</u> back ②<u>to home</u> ③<u>by then</u> but was delayed ④<u>by a phone call.</u>

誤り＝ ▭21▭

〔早稲田大（人間科）〕

❑ **22** Every ①<u>alive</u> ②<u>creature</u> in the sea is ③<u>affected</u> by the problem of water ④<u>pollution.</u>

誤り＝ ▭22▭

〔獨協大（外）〈改〉〕

❑ **23** ①<u>In the early days when</u> the West ②<u>was being settled</u>, horses were the ③<u>main mode</u> of transportation, so ④<u>almost</u> pioneers rode well.

誤り＝ ▭23▭

〔同志社大（文）〈改〉〕

答19 上海で2台の旅客列車が衝突した。その事故の原因は恐らくブレーキの故障であると思われた。

19 ⇒② supposedly caused

▶① hardly「ほとんど‥‥ない」，② **supposedly**「たぶん」，③ drastically「徹底的に」，④ officially「公務上」。前後の内容と最も合うのは②。

答20 いずれにしても，イギリスであれば，自由を台無しにすることなく貧困を廃止することができるであろう。

20 ⇒③ it would be possible

▶**possible**という形容詞は普通，**人を主語にして使うことはできない。**「人がVできる」と言うには**it is possible（for人）to V**とする。× make possible to V ×は文法的に成立せず，makeの後ろに形式目的語itが必要となる。

Lesson

06

形容詞・副詞

答21 私はそれまでに家に帰るべきだったのだが，電話がかかってきたので遅れてしまった。

21 ⇒② to home → home

▶**home**は，comeやgoなどの動作動詞と共に使われた場合，「**わが家へ，故郷へ，自国へ**」という**副詞**となる。副詞の前には前置詞toなどは必要ない。同じような使い方をする副詞に，**abroad，upstairs，downstairs**などがある。

答22 海中のすべての生物は水質汚染問題の影響を受けている。

22 ⇒① alive → living

▶**alive**や**awake**のように**接頭辞a-で始まる形容詞**は普通，**叙述用法**として**補語**の位置で使われる。ここでは，aliveがcreatureを修飾する限定用法の位置に置かれているので，**限定用法**で使える**living**にする。

答23 西部に人々が住みつこうとしていた初期の頃，馬は輸送の主な方法だったので，ほとんどの開拓者たちが上手に馬に乗った。

23 ⇒④ almost → most[almost all the, most of the]

▶副詞almostは，単独では名詞を修飾できない。almostを使って「ほとんどの〜」という意味を表現するには，**almost all the 〜** などにするか，単独で名詞を修飾できる**most 〜**（ほとんどの〜）にする。

☐ **24** I ①<u>locked myself</u> ②<u>out of</u> my office, but ③<u>lucky</u>, my secretary
④<u>had</u> a spare key.

誤り＝ ☐ 24 ☐ 〔早稲田大（人間科）〕

☐ **25** The manager ①<u>hasn't come</u> in yet, ②<u>so</u> the workmen are ③<u>yet</u>
waiting ④<u>for</u> instruction.

誤り＝ ☐ 25 ☐ 〔近畿大（工）〕

問3：日本文に合う英文になるように選択肢の語を並べ替え，空所に入るものを選べ。

☐ **26** 席が空いてるときに座らないのはバカげている。

There is no sense ＿＿ ☐ 26 ☐ ＿＿ ＿＿ ☐ 27 ☐ ＿＿ .

① in   ② when   ③ available   ④ standing
⑤ there   ⑥ are seats

〔中央大（経）〈改〉〕

頻出 ☐ **27** この手紙はなんだかおかしい。（1語補足）

＿＿ ☐ 28 ☐ ＿＿ ＿＿ ☐ 29 ☐ ＿＿ ＿＿ .

① about   ② is   ③ letter   ④ strange
⑤ there   ⑥ this

〔中央大（文）〕

難 ☐ **28** 優柔不断が，彼のただ1つの欠点だ。

Irresolution ＿＿ ＿＿ ☐ 30 ☐ ＿＿ ＿＿ ☐ 31 ☐ ＿＿ .

① is   ② otherwise   ③ perfect   ④ his
⑤ in   ⑥ a defect   ⑦ character

〔慶應義塾大（理工）〕

Answers

答24 私は鍵をかけたまま事務所の外に出てしまったが，運よく秘書がスペアキーを持っていた。

24 ⇒ ③ lucky → luckily

▶③の位置に何も入れなくても文が成り立つので，ここに置くのは形容詞のluckyではなく，副詞のluckilyでなければならない。luckilyは文全体を修飾して「幸運なことに」の意味を表し，fortunatelyで言い換えられる。

答25 店長はまだ到着していないので，従業員はまだ指示を待っているところだ。

25 ⇒ ③ yet → still

▶yetは否定文中で「まだ（……ない）」の意味を表す副詞。肯定文中で「まだ（……である）」の意味を表す副詞はstillなので，混同しないように。stillは「いまだに，依然として」という訳語で覚えておくとよい。

Lesson

06

形容詞・副詞

答26 There is no sense in **standing** when there **are seats** available.

26 ⇒ ④ 27 ⇒ ⑥ （1-4-2-5-**6**-3）

▶availableは，「**利用できる，手に入る，（席などが）空いている**」という意味の形容詞。後置修飾することもでき，ここではseatsを修飾している。また，**there is no sense in** Vingは「**Vしても無駄である**」という意味の重要表現。

答27 There **is** something strange **about** this letter.

28 ⇒ ② 29 ⇒ ① （5-**2**-X-4-**1**-6-3）　補足＝something

▶something，anything，nothingなどの名詞を形容詞が修飾する場合には，後置修飾する。**there is something 形容詞 about ～** は，「**～にはどこか…なところがある**」という意味の重要表現。

答28 **Irresolution** is a defect **in** his otherwise **perfect** character.

30 ⇒ ⑤ 31 ⇒ ③ （1-6-**5**-4-2-**3**-7）

▶otherwiseという副詞は，if節の代用をする「**さもなければ**」に加えて，「**その他の点で，別の方法で**」という意味がある。ここでは，「その他の点では」という意味で使われている。またotherwiseは，「**異なった**」という意味の形容詞として使うこともあるので注意。

☐ **29** 彼らは別々の列車で家路についた。

_____ 　32　 _____ 　33　 _____ .

① separate　　② they　　③ home　　④ trains

⑤ took

〔武庫川女子大短大部〕

☐ **30** 水曜日の午後においでいただきたいのですが，ご都合はよろしいでしょうか。

_____ _____ 　34　 _____ _____ 　35　 _____ come on

Wednesday afternoon?

① to　　② you　　③ will　　④ convenient

⑤ it　　⑥ for　　⑦ be

〔札幌大女子短大部〕

答29 They **took** separate **trains** home.

    32 ⇒ ⑤　33 ⇒ ④　(2-**5**-1-**4**-3)

⚠️ ▶ **home** は，移動を表す動作動詞の後ろでは，「**家へ，母国へ，故郷へ**」という副詞として使われるので，to などの場所を表す前置詞は必要ない。同じような使い方をする副詞に，**abroad, upstairs, downstairs** がある。

答30 Will it **be** convenient for **you** to come on Wednesday afternoon?

    34 ⇒ ⑦　35 ⇒ ②　(3-**5**-**7**-4-6-**2**-1)

▶ convenient は，人を主語にできない形容詞。「**人にとって都合が良い**」は，it を主語にして **it is convenient to[for] 人** とする。ここでは，未来形の助動詞 will を使った疑問文になっていることに注意しよう。

Lesson
06
形容詞・副詞

■第1問　次の空所に入れるのに最も適当なものを選べ。

問1　That frightful typhoon last night shook 〔 1 〕 of the apples off the trees.
① almost all　　　　　　② most all
③ near all　　　　　　　④ the most all

問2　It is about time 〔 2 〕 .
① Makoto is getting ready for exam
② Makoto is getting ready for the exam
③ Makoto was getting ready for exam
④ Makoto was getting ready for the exam

問3　〔 3 〕 did I dream of my success in this business.
① Ever　　　② I hope　　　③ Little　　　④ What

問4　〔 4 〕 activities are those approved of by society because they are considered to be fair and honest.
① Respect　　　　　　② Respectable
③ Respecting　　　　　④ Respective

問5　Not until a student has mastered algebra 〔 5 〕 to understand the principles of physics.
① he or she can begin　　② can he or she begin
③ he or she begins　　　　④ begins

問6　It is essential that every child 〔 6 〕 the same educational opportunities.
① has had　　② have　　③ is having　　④ to have

問7　Hello! Are there any seats 〔 7 〕 for the concert tonight?
① available　　　　　　② empty
③ left behind　　　　　④ remained

問8 We came across an accident on the way 　8　 .

① house　　　　　　　　　② to house

③ home　　　　　　　　　④ to home

問9 Mary can't swim, and John can't, 　9　 .

① too　　　　　　　　　　② very well

③ either　　　　　　　　　④ neither

問10 They are so 　10　 that it is difficult to tell which is which.

① alike　　　　　　　　　② likely

③ like　　　　　　　　　　④ same

問11 If I had been told so then, I 　11　 happier now.

① would be　　　　　　　② will be

③ am　　　　　　　　　　④ would have been

問12 I did everything my boss asked me to do; 　12　 I certainly would
have lost my job.

① otherwise　　　　　　　② in case

③ unless　　　　　　　　　④ so that

問13 Many people have law degrees, but 　13　 of them practice law.

① any　　　　　　　　　　② not any

③ not some　　　　　　　　④ not all

問14 You've made a 　14　 decision. Any reasonable person would have
done the same.

① sentimental　　　　　　② sensitive

③ sensational　　　　　　　④ sensible

問15 I arrived fifteen minutes 　15　 for the meeting.

① lately　　　　　　　　　② last

③ latter　　　　　　　　　④ late

問16　16

We ①will be ②sure to visit you again ③when ④you are convenient.

問17　17

Our new secretary is ①enough efficient ②for ③any manager to ④rely on.

■第3問　下の選択肢を並べ替えて英文を完成させ，空所に入る番号を答えよ。

問18　He stood very still ＿＿＿ ＿＿＿ ＿＿＿ 18 ＿＿＿ ＿＿＿ .

①if ②he ③a ④were
⑤as ⑥dead man

問19　Even ＿＿＿ ＿＿＿ ＿＿＿ 19 ＿＿＿ ＿＿＿ that much.

①help ②kindest man ③not ④the
⑤would ⑥you

問20　Only ＿＿＿ ＿＿＿ 20 ＿＿＿ ＿＿＿ she meant.

①what ②did ③realize ④yesterday
⑤I

解答用紙

第1問	問1	問2	問3	問4	問5
	問6	問7	問8	問9	問10
	問11	問12	問13	問14	問15
第2問	問16	問17			
第3問	問18	問19	問20		

解答へ→

Lesson
04-06 中間テスト② 解答

解説

■第1問

問1：almost all「ほとんどすべて」。

問2：it is (high, about) time **S** **V_p**「**S**が**V**する時間だ」。examは可算名詞なので冠詞が必要。

問3：否定語を文頭に移動すると倒置が起こる。

問4：respectable「ちゃんとした，まともな」，respecting「～に関して」，respective「それぞれの」。

問5：Notからalgebraまでの否定的副詞節が文頭に移動し，倒置が起こっている。

問6：it is essential that **S** (should) 原形動詞「**S**が**V**するのが重要だ」。

問7：available「利用できる，手に入る，(席などが) 空いている」。

問8：on the way home「帰宅途中で (の)」。

問9：否定文で「～もまた」の意味を表すにはtooではなくeitherを使う。

問10：alike「似ている」は，叙述用法で用いる形容詞。

問11：前半と後半で時制が異なっていることに注意。

問12：otherwise「さもなければ」。if節の代用。

問13：部分否定。「それらの人全員が法律の実務を行っているわけではない。」

問14：sensible「分別がある」，sensitive「敏感な」。

問15：「遅れて」はlate。latelyは「最近」，latterは「後者 (の)」。

■第2問

問16：convenient「都合が良い」は，人を主語に取れない。you are convenientをit is convenient for you にする。

問17：副詞のenough（十分に）は形容詞または副詞の後ろに置くのが正しいので，efficient enough にする。

■第3問

問18：「5-1-2-**4**-3-6」が正解。「He stood very still as if he **were** a dead man. （彼はまるで死んだように身動き一つしなかった。）」。as if **S V_p**「まるで**S**が**V**するかのように」。

問19：「4-2-**5**-3-1-6」が正解。「**Even** the kindest man would **not** help you that much. （どんなに親切な人でもそこまであなたを援助してくれないでしょう。）」。最上級 **S** .....「どんなに…な〜でも・・・・・」。

問20：「4-2-**5**-3-1」が正解。「**Only** yesterday did I realize what she meant. （昨日になってようやく彼女の言いたいことがわかった。）」。only yesterday（昨日になってようやく）は否定的副詞句なので，文頭に移動すると倒置が起こる。

Lesson

06

中間テスト②解答

解答

第1問	問1 ①	問2 ④	問3 ③	問4 ②	問5 ②
	問6 ②	問7 ①	問8 ③	問9 ③	問10 ①
	問11 ①	問12 ①	問13 ④	問14 ④	問15 ④
第2問	問16 ④	問17 ①			
第3問	問18 ④	問19 ③	問20 ⑤		

SCORE	1st TRY /20点	2nd TRY /20点	3rd TRY /20点	**CHECK YOUR LEVEL**	▶ 0 ～ 12点 ➡ *Work harder!* ▶ 13 ～ 16点 ➡ *OK!* ▶ 17 ～ 20点 ➡ *Way to go!*

英単語・熟語の覚え方

・・・

　英語をマスターするためにどうしても避けては通れないのが，英単語・熟語の暗記です。受験・資格試験を突破するためには大変な量の知識を記憶しなければならないので，嫌になって挫折してしまう人が多いのは残念です。確かに，英単語・熟語を記憶するのに，楽な方法はありませんが，いくつかの効率の良い暗記の方法があります。

　1つは英単語を意味や形でネットワーク化して覚えてしまうことです。例えば，dinosaur（恐竜），fossil fuels（化石燃料），combustion（燃焼），carbon dioxide（二酸化炭素），greenhouse effect（温室効果），polar icecaps（極地の氷冠），sea level（海面），alternative energy（代替エネルギー），nuclear power plant（原子力発電所）…，というように，常識に沿った意味の流れで単語を結び付けてしまえば，英単語はずっと覚えやすくなります。

　もう1つの上手な覚え方は，接尾辞や接頭辞をヒントにグルーピングしていくことです。例えば，sub- という接頭辞で始まる言葉には1つの共通点があります。submarine（潜水艦），subconscious（潜在意識の），subculture（下位文化），subdivision（細分）…，気がつきましたか？ sub- という接頭辞は「下」を表しているのです。このように接尾辞や接頭辞の知識を使うと単語はますます覚えやすくなります。

　英単語・熟語の暗記は大変ですが，日常生活の中でできるだけ毎日，単語帳や辞書，電子辞書，辞書アプリなどを片手にチェックしていく習慣を身に付けましょう。

LV5
STAGE-3

名詞・代名詞

> 名詞や代名詞を理解するときには，単数形／複数形，可算名詞／不可算名詞，そして冠詞の理解が非常に重要。まずはこれらをまとめておくので，しっかり理解しておくこと。そういった基本を押さえたうえで個々の名詞の意味や，代名詞のさまざまな使い方をマスターしてバリエーションを広げていきたい。

1 可算名詞と不可算名詞

　まず，名詞は可算名詞と不可算名詞に分かれる。辞書では可算名詞はcountableの頭文字を取って Ⓒ，不可算名詞はuncountableの頭文字を取って Ⓤ と表記されている。個々の名詞が完全に可算名詞と不可算名詞に分かれるというわけではなく，可算・不可算の両方で使う名詞もあれば，どちらかでしか使わない名詞もある。また，意味によって，ある意味のときには可算，ある意味のときには不可算，といった使い方をする名詞もある。

　基本的な区別としては，形が明確に決まっていない液体や物体のような物質名詞や，愛や平和のような抽象的でつかみどころがない抽象名詞は不可算名詞，個別の形を持っている具体的な名詞は可算名詞であることが多い。もちろん例外もあるので，個別の使い方はそれぞれの名詞を辞書で確認しながら，少しずつマスターしていってほしい。

● **不可算名詞** ●

☐ water ＝水

　例 Plants need water to grow.
　（植物は成長するために水を必要とする。）

☐ paper ＝紙

　例 Recycled paper is better for the environment.
　（リサイクル紙は環境によりよい。）

☐ love ＝愛

　例 Love is a powerful emotion that connects people.
　（愛は人々をつなげる強力な感情だ。）

☐ peace ＝平和

　例 The treaty brought peace between the warring nations.
　（その条約は戦争中の国々の間に平和をもたらした。）

2 one / another / others を使った表現

oneは不特定の「一つのもの［人］」，anotherは，たくさんあるものの中から「もう一つ［人］」，othersは「他の［複数の］もの［人］」という意味の代名詞だが，これらを使った表現は日常会話でもよく使われるのでここでチェックしておこう。

```
━━━━━━━━ ● one / another / others を使った表現 ● ━━━━━━━━

☐ from one ～ to another    ＝ある～から別の～まで
    例 The bird flew from one tree to another.
      （鳥はある木から別の木へ飛んで行った。）
……………………………………………………………………………………………
☐ one after another      ＝次から次へと
    例 The stars appeared one after another as the night deepened.
      （夜が深まるにつれて，星が次から次へと現れた。）
……………………………………………………………………………………………
☐ A is ..... . B is quite another.    ＝Aは……だ。だが，Bは別物だ。
    例 Dreaming of success is easy. Achieving it is quite another.
      （成功を夢見ることは簡単だ。だが，それを達成することは全く別物だ。）
……………………………………………………………………………………………
☐ Some ..... . Others ..... .   ＝……する人［もの］もいれば，……す
                               る人［もの］もいる。
    例 Some like juice. Others like tea.
      （ジュースを好む人もいれば，お茶を好む人もいる。）
```

one, another, the other などは，後ろに名詞を続けて形容詞として使うこともできれば，one, another, the other だけで代名詞として使うこともできる。複数形の場合，代名詞として使われるときは others や the others，形容詞として使われるときには other ＋複数名詞，the other ＋複数名詞の形になる。

3 類似名詞の識別

> 問 The train [＿＿＿] from here to Fifth Avenue is \$2.
> ① charge　　② cost　　③ fare　　④ fee
>
> 〔立教大（経 − 経）〕

　日本語では一言で「料金」といっても，英語では状況に応じてさまざまな名詞を使い分けなければならない。**①charge** は電話料金や水道料金のような**一般的サービスや労働などに対する料金**を表す。**②cost** は「**費用，経費，代価**」という意味で使われる。**③fare** は乗り物の**運賃**を示す場合に使われるので，ここでは③が答えとなる。**④fee** は**弁護士，医師などの専門的サービスに対する料金**を表す。

　このように，日本語では細かく区別しないようなものを，英語では細かく区別する場合も多いので，普段から辞書を片手に確認する習慣を付けたい。例文と合わせて覚えておくことも効果的だ。

　答⇒③（訳：ここから５番街までの電車賃は２ドルです。）

● 類似名詞の識別 ●

☐ charge　　　　　　　　＝電話料金や水道料金のような一般的サービスや労働に対する料金

例 The hotel adds a service charge to the bill.
（ホテルは請求書にサービス料を加算する。）

．．．．．．．．．．．．．．．．．．．．．．．．．．．．．．．．．．．．

☐ cost　　　　　　　　　＝費用，経費，対価

例 The cost of the meal was surprisingly low.
（食事の費用が驚くほど低かった。）

．．．．．．．．．．．．．．．．．．．．．．．．．．．．．．．．．．．．

☐ fare　　　　　　　　　＝乗り物の運賃

例 The bus fare was \$2.
（バスの運賃は２ドルであった。）

．．．．．．．．．．．．．．．．．．．．．．．．．．．．．．．．．．．．

☐ fee　　　　　　　　　　＝弁護士，医師などの専門的サービス

例 The bank charged a withdrawal fee.
（銀行は引き出し手数料を請求した。）

4 名詞の持つ意外な意味

> 問　I received a letter to the same ☐ .
>
> ① way　　　② effect　　　③ means　　　④ content
>
> 〔中央大（経）〕

effect は「**結果，影響，効果**」などの意味で使われる場合が多いが，ここでは **to ... effect** で「**…な趣旨の**」という意味で使われている。

　このように簡単な名詞ほど意外な意味を多く持っているので，1 つの単語に対して 1 つの意味を覚えるのではなく，さまざまな状況で使われるさまざまな意味を普段からチェックするように努めたい。

答⇒②（訳：私は同じ趣旨の手紙を受け取った。）

● 名詞の持つ意外な意味 ●

☐ degree　　　　　　　　＝号

例 I have a doctoral degree.
（私は博士号を持っている。）

☐ command　　　　　＝自由に駆使する力

例 He has a good command of English.
（彼には英語を自由に駆使する力がある。）

☐ account　　　　　　　＝考慮

例 I will take his youth into account.
（彼の若さも考慮に入れましょう。）

☐ sense　　　　　　　　＝正気

例 He came to his senses.
（彼は正気に戻った。）

☐ office　　　　　　　　＝公職

例 Bill entered office.
（ビルは公職についた。）

問 1 : 次の英文の空所に入れるのに最も適当なものを選べ。

難 ☐ 1　At 80,000, the seating ☐ 1 ☐ of the stadium is the largest in this country.

① volume　　　　　② capacity
③ adequacy　　　　④ expansion

〔英検準 1 級〕

☐ 2　Recently, manufacturing technology has increased ☐ 2 ☐ , or the amount of goods and services available.

① producers　　　　② products
③ produce　　　　　④ productivity

〔慶應義塾大（商）〕

頻出 ☐ 3　I'd like to make ☐ 3 ☐ for the express train that leaves at 6:00.

① a reservation　　　② a promise
③ an appointment　　④ a subscription

〔東海大（文・海洋・健康）〕

☐ 4　To a certain ☐ 4 ☐ every functioning society has a common religion.

① meaning　　　　　② sense
③ degree　　　　　　④ measure

〔慶應義塾大（総合政策）〕

☐ 5　Cancer can be cured when it is discovered in its earliest ☐ 5 ☐ .

① level　　　　　　　② stage
③ degree　　　　　　④ point

〔京都外語大（英米）〕

頻出 ☐ 6　There were about 200 ☐ 6 ☐ asleep in the hotel when it caught on fire.

① audience　　　　　② clients
③ guests　　　　　　④ passengers　　〔慶應義塾大（経）〈改〉〕

答1 その競技場の座席収容人員は8万人で，この国で最も大きい。

　　　1 ⇒② capacity

　　▶① volume「流動体や仕事などの量，音量，本の1冊」，③ adequacy「適正，妥当性」，④ expansion「拡大」。② **capacity**は，もともと潜在的な能力を表すが，ここでは「受け入れる能力」，つまり**「収容能力，定員」**という意味。またseating capacityで，「座席に座れる定員」の意味になる。

答2 最近，工業生産技術によって，生産力，すなわち利用できる商品やサービスの量が増大した。

　　　2 ⇒④ productivity

　　▶① producer「生産者」，② **product**「**生産物**」。③ produceは動詞では「生産する」，名詞では「農作物」などの意味になる。空所の直後には，専門的な用語を換言するor (つまり，すなわち) があるので，「利用できる商品やサービスの量」という意味の④ **productivity**「**生産力，生産性**」が答え。

答3 6時発の急行列車を予約したいんですけど。

　　　3 ⇒① a reservation

　⚠ ▶② **promise**は，「何か行動を起こす場合の約束」に使う。③ **appointment**は主に**「面会の約束，医師や美容院などの予約」**，④ subscriptionは「寄付，予約，購読」に使われる。**「列車やホテル，劇場の座席予約」**には，① **reservation**を使う。make a reservationで「予約する」となる。

答4 機能しているすべての社会には，ある程度は，共通の宗教が存在する。

　　　4 ⇒③ degree

　　▶文脈に合い，かつ前置詞toと結び付くのは③ degreeのみ。**to a ... degree**で，**「…な程度まで」**という意味で，同じ意味の表現に，**to a ... extent**がある。④ measureも「程度」という意味で使うが，前置詞inに結び付く。

答5 ガンは最も早い段階に発見すれば治すことができる。

　　　5 ⇒② stage

　　▶**「病気などの進行段階」**には，② **stage**を使う。① levelは「知的水準，達成の度合い，社会的な地位」に使われる。③ degreeは「程度」という意味だが，「病気などの進行段階」には使えない。④ pointは「点，要点」という意味。

答6 火事が起こったとき，ホテル内には約200人の宿泊客が寝ていた。

　　　6 ⇒③ guests

　きそ ▶ホテルの**宿泊客**を表すには，③ **guest**を使う。① **audience**「**公演などの聴衆，テレビ・ラジオの視聴者**」，② **client**「**弁護士などへの依頼人**」，④ **passenger**「**乗り物の乗客**」。他にまぎらわしいものに，**customer**「**商店などの顧客**」，**spectator**「**見物人**」などがある。catch (on) fireは「火がつく」という表現。

7 She'd quite recovered. She was in perfectly good [7] again.

① moods   ② airs

③ spirits   ④ cheers

〔獨協大(外)〕

8 Don't blame me for what happened. It wasn't my [8] if you lost the instructions.

① fault   ② defect

③ error   ④ mistake   〔同志社大(経)〕

難 9 We don't sell foreign newspapers because there is no [9] .

① request   ② order

③ demand   ④ claim

〔慶應義塾大(環境情報)〕

10 I tried to change the [10] , but they went on talking about politics.

① subject   ② object

③ project   ④ reject

〔南山大(外)〕

11 Banks earn their living by lending money. They also receive [11] for certain special services, such as safe-deposit boxes, money orders, and handling investments for individuals.

① fares   ② pays

③ fees   ④ profits

〔慶應義塾大(総合政策)〕

12 He is nobody here in town but I guess he is [12] in his own village. He is on the school board there.

① nowhere   ② anybody

③ everybody   ④ somebody

〔京都外語大(英米)〕

答7 彼女はかなり回復して，またすごく気分が良くなった。

⬜7 ⇒③ spirits

▶ **be in good spirits** で「**上機嫌である**」という意味。① mood は，「(一時的な) 気分，雰囲気」という意味で，in a happy mood のように単数形で使う。④ cheer は「喝采，気分」などの意味で使われ，be of good cheer (希望にあふれている) のような形をとる。② **airs** は「**気取った態度**」。

答8 起こってしまったことで私を責めないでください。たとえあなたが指示書をなくしてもそれは私の落ち度ではない。

⬜8 ⇒① fault

▶②defect「欠点，欠陥，短所」，③ error，④ mistake は，主に判断上の誤りや思い違いに使われる。ここでは，「責任」という意味も持った① **fault** を選ぶ。It's not my fault. (私の責任 [せい] ではない。) は，よく使われる会話表現。

答9 需要がないので私たちは外国の新聞を売らない。

⬜9 ⇒③ demand

▶① request「(主に人への) 要請，依頼」，② order「命令，注文」，④ **claim**「(権利に対しての) 要求，主張」。ここでは，「需要」という意味の③ **demand** を選ぶ。この反対は，**supply**「供給」。

Lesson
07
名詞・代名詞

答10 私は話題を変えようとしたが，彼らは政治について話し続けた。

⬜10 ⇒① subject

▶② **object**「物体，目的，対象」，③ project「計画」，④ reject「拒絶する，不良品」。文脈より① **subject**「主題，話題」が答え。subject には「科目，主語，国民」という意味もあり，形容詞で使われると「受けやすい」という意味になる。

答11 銀行はお金を貸すことで収入を得ている。銀行はまた，特別なサービスに対する手数料も受け取っている。例えば，貸金庫や為替，個人投資などである。

⬜11 ⇒③ fees

⚠ ▶③ fee は主に「**医者，弁護士などの専門的サービスに対する料金，手数料**」や「**授業料**」などの場合に使われる。① **fare**「乗り物の運賃」，② **pay**「賃，給料」，④ profit「利益」。「**一般的サービスや労働などに対する料金**」には，**charge** を使う。

答12 彼はここら辺では取るに足りない人だが，彼の村ではひとかどの人物だと思う。彼はそこでは教育委員会にいる。

⬜12 ⇒④ somebody

▶④ **somebody** には，「誰か」という意味の他に「**ひとかどの人物**」，つまり「重要人物」という意味がある。これに対して，**nobody** は「取るに足りない人物」という意味になる。また，**something** にも「重要人物，結構なもの」という意味がある。

☐ **13** Keep all medicines out of [13] of children.

① reach   ② touch

③ hand   ④ area

〔立命館大(経営)〕

☐ **14** He shouted, " No, you fool, the other way!" or words to that [14] .

① effect   ② sense

③ manner   ④ indication

〔上智大(文)〕

◆難 ☐ **15** The essential of administration is to let every citizen have [15] .

① her family   ② his due

③ their joke   ④ what it takes

〔早稲田大(理工)〕

頻出 ☐ **16** I have done all of [16] and I'd like to take a short break.

① a homework   ② homeworks

③ my homework   ④ homeworks of mine

〔名古屋外語大(英米)〕

☐ **17** Changes have taken place in many areas of national life, especially in [17] related to housing and employment.

① it   ② that

③ these   ④ those

〔立教大(法)〕

☐ **18** What students wear to school varies greatly from one high school to [18] .

① another   ② else

③ others   ④ the other

〔慶應義塾大(経)〕

Answers

答13 薬はすべて子供の手の届かないところに置いておきなさい。

`13` ⇒① reach

▶② touch「接触」，③ hand「手」，④ area「地域」。「手が届く範囲」を示す場合には，① reach を使う。**out of reach of ～**（～の手が届かないところに）という表現として覚えておくこと。この反対が，**within reach of ～**（～の手が届くところに）。

答14 彼は，「違う，バカ，反対だ！」とかなんとかそういう意味の言葉を叫んだ。

`14` ⇒① effect

▶① **effect**は，「結果，影響，効果」などの意味を持ち，**to ... effect**で「…な趣旨の」という意味になる。② sense「感覚，意味，分別」，③ manner「方法，態度」，④ indication「兆候，指示」。

答15 行政に不可欠なのは，すべての市民に与えられるべきものを持たせることだ。

`15` ⇒② his due

▶② due には「当然支払われるべきもの」という意味がある。代名詞heには，性別不特定の語を総称的に受ける働きがあり，ここではhis = every citizen's。herには，そのような働きはないので①は不可。③は単数扱いのevery＋名詞をtheirで受けている上に，joke（冗談）が文脈に合わない。④はitという代名詞の指しているものが不明瞭。ただ現在では男女平等の観点から，性別不特定の場合にはhis or herが用いられることが多い。

答16 私は宿題をすべて終えてしまったので，少し休憩を取りたいと思うのですが。

`16` ⇒③ my homework

⚠ ▶数量代名詞の後ろにofを置いたall of ～（～のすべて）のような表現では，ofの後ろを**the＋名詞**または**所有格＋名詞**にする。この形に合うのは③のみ。

答17 変化は国民生活の多くの分野，特に住宅と雇用に関する分野で起きている。

`17` ⇒④ those

▶文脈から，空所にはthe areasが入ると推測できる。areasという名詞の反復を避けるには，**the＋複数形の名詞**を代名詞の④ **those**にする。the＋単数形の名詞の反復を避ける場合には，② **that**が使われる。

答18 生徒たちが学校に着ていくものは，それぞれの高校によって大きく異なる。

`18` ⇒① another

▶「場所や物によってそれぞれ異なる」というときは，**from one ～ to another**（～によって）を使う。oneとanotherを使った表現には他に，**one after another**（次から次へと），**A is one thing, B is quite another**（AとBは別だ）などがある。

☐ **19** I'm staying for ☐19 few weeks.

   ① one more   ② other

   ③ another   ④ more

〔慶應義塾大（環境情報）〕

頻出 ☐ **20** Unless we try to understand other people's views, it is hard to communicate ☐20 .

   ① each other   ② between each other

   ③ among each other   ④ with each other

〔同志社大（法・神）〕

問 2 ：次の英文の下線部のうち，誤った英語表現を含む番号を選べ。

☐ **21** ①<u>Almost</u> everybody had ②<u>a</u> racket in one hand ③<u>and</u> a ball in ④<u>another</u>.

誤り＝ ☐21   〔日本大（理工）〕

難 ☐ **22** It may rain ①<u>at</u> ②<u>any</u> moment ③<u>by</u> the ④<u>sight</u> of the sky.

誤り＝ ☐22   〔獨協大（外）〕

☐ **23** ①<u>Your argument</u> is ②<u>no</u> ③<u>different</u> ④<u>from the last speaker</u> who opposed the law.

誤り＝ ☐23   〔法政大（工）〕

答19 私はあと数週間泊まるつもりだ。

> 19 ⇒③ another

▶③ **another** は「もう一つの」の他に「もう〜」という意味もあり，期間や数量などに使われる。another の後ろに weeks という複数形の名詞が来ているが，数週間のような一続きの期間や距離などは単数扱いなので問題ない。

答20 他人の考え方を理解しようとしないなら，互いに理解し合うことは難しい。

> 20 ⇒④ with each other

⚠ ▶ **each other** や **one another** は，「お互い」という意味の代名詞。空所の直前のcommunicate は自動詞で，前置詞 with をとるので④を選ぶ。communicate が他動詞として使われるときは，目的語には伝えるもの（情報など）が来る。

答21 ほとんどみんなが片手にラケットを，もう一方の手にはボールを持っていた。

> 21 ⇒④ another → the other

▶ another だと「3本以上ある手のうち，残りのどれか1本」という非常識な意味を表すことになる。手は2本しかないので，例えば「片手」が右手なら残りの手は左手に決まる。したがって，another ではなく，残りが1つだけのときに使われるthe other を使うのが正しい（後ろに hand が省略されている）。

答22 いつ雨が降ってもおかしくない空模様だ。

> 22 ⇒④ sight → look

▶「空模様」を表すには，**look** という名詞を使う。look は他に「顔色，様子」という意味でも使われる。**sight** は「視力，視界，光景」という意味を表す場合に使われる。by the look of 〜は「〜の様子から判断すると」という熟語表現。

答23 あなたの議論は，その法に反対した最後の演説者のと少しも違わない。

> 23 ⇒④ from the last speaker → from that of the last speaker

⚠ ▶ 英語では，比較するものの種類を合わせることが必要となる。ここでは，argument と speaker を比較しているわけではないので，④を from that of the last speaker に変える。このように，比較対象となる名詞の反復を避けるために代名詞のthat[those] を使うことがある。

難 □ **24** Hokkaido ①<u>attracts</u> tourists ②<u>because of</u> ③<u>it's beautiful</u> scenery and ④<u>abundant wild life</u>.

誤り＝ [24]　　　　　　　　　　　　　　〔明海大（経）〕

□ **25** Anyone who travels ①<u>away from</u> the popular ②<u>tourists</u> spots ③<u>will discover</u> that the traditional culture ④<u>is thriving</u> in rural areas.

誤り＝ [25]　　　　　　　　　　　　　　〔立命館大（法）〕

問3：日本文に合う英文になるように選択肢の語を並べ替え，空所に入るものを選べ。

頻出 □ **26** 生きているのはあなたのおかげです。（1語不要）

I ＿＿ ＿＿ [26] ＿＿ ＿＿ [27] ＿＿ alive.

① am　　② I　　③ it　　④ owe
⑤ thank　⑥ that　⑦ to　　⑧ you

〔学習院大（法）〕

□ **27** なぜ自分が両親を本能的に避けるのか彼は説明できなかった。

He could not ＿＿ ＿＿ [28] ＿＿ ＿＿ [29] ＿＿ ＿＿ his parents.

① reason　　② instinctive　③ explain　④ for
⑤ of　　　　⑥ the　　　　⑦ avoidance　⑧ his

〔獨協大（外）〕

□ **28** 彼はそれを1人ですることを何とも思っていない。（3語不要）

He ＿＿ [30] ＿＿ [31] ＿＿ by himself.

① does　　② doing　　③ it　　④ not
⑤ nothing　⑥ of　　　⑦ think　⑧ thinks

〔学習院大（文）〕

答24 その美しい景色と豊かな野生生物のために，北海道は旅行客を魅了している。

24 ⇒ ③ it's beautiful → its beautiful

▶ ③ it'sの「'」は不要。**代名詞itの所有格**は「'」を使わず，**its**と表現する。because of 〜は「〜のために，〜のせいで」という理由や原因を表す句前置詞。

答25 人気のある観光地から離れて旅をする人は誰でも，伝統的な文化が田園地方で栄えているのを発見するだろう。

25 ⇒ ② tourists → tourist

▶ tourist spot（観光地）のような「名詞＋名詞」の形の複合語を複数形にするときは，後ろの名詞だけにsを付けるのが原則。例えばcollege student（大学生）の複数形は，college studentsである。したがって②touristsのsは不要。

答26 I owe it to you that I am alive.

26 ⇒ ⑦ 27 ⇒ ②　(4-3-**7**-8-6-**2**-1)　不要＝⑤ thank

▶ owe B to Aは「**BはAのおかげである**」という意味の重要表現。ここではBに形式目的語のitを用い，本来の目的語のthat節を後ろにもってくる。

答27 He could not explain the **reason** for his **instinctive** avoidance of his parents.

28 ⇒ ① 29 ⇒ ②　(3-6-**1**-4-8-**2**-7-5)

▶「彼は自分の両親への本能的回避の理由が説明できなかった」という形にする。名詞の部分を他の品詞に換え，それに応じて前後の品詞も転換すると自然な日本語になる。ここでは，avoidance（避けること）という名詞を動詞的に，instinctive（本能的な）という形容詞を副詞的に訳す。reason for 〜 は，「〜の理由」という意味の重要表現。

答28 He thinks **nothing** of **doing** it by himself.

30 ⇒ ⑤ 31 ⇒ ②　(8-**5**-6-**2**-3)　不要＝① does, ④ not, ⑦ think

▶ **think nothing of 〜** は，「**〜をなんとも思わない**」という意味の重要熟語。**by oneself**は「**1人で**」という意味があり，aloneに書き換えられる。by oneselfには「**独力で，ひとりでに**」という意味もある。

□**29** ノリコはニュージーランドに滞在していたときのことをざっと話してくれた。（1語不要）

Noriko gave ＿＿＿ ＿＿＿ 32 ＿＿＿ ＿＿＿ 33 ＿＿＿ in New Zealand.

① of ② stay ③ talked ④ account

⑤ us ⑥ a ⑦ her ⑧ general

〔金蘭短大〕

□**30** 彼の言うことから判断すると彼女は有罪でありえないということになる。

It ＿＿＿ ＿＿＿ 34 ＿＿＿ 35 ＿＿＿ ＿＿＿ ＿＿＿ be guilty.

① he ② cannot ③ says ④ follows

⑤ that ⑥ from ⑦ she ⑧ what

〔獨協大（外国語）〕

答29 Noriko gave us a **general** account of **her** stay in New Zealand.

32 ⇒ ⑧ 33 ⇒ ⑦ (5-6-**8**-4-1-**7**-2) 不要＝③ talked

▶直訳すると「ノリコは私たちにニュージーランドに滞在している間のだいたいの報告を与えた」となる。この文での**account**は「**報告，説明**」という意味だが，他にも「**会計簿，預金口座，考慮，理由**」などの意味がある。また，**account for ～**（**～の理由を説明する**）の形で動詞としても使われる。

答30 It follows from **what** he **says** that she cannot be guilty.

34 ⇒ ⑧ 35 ⇒ ③ (4-6-**8**-1-**3**-5-7-2)

▶**it follows that S V**は「**（当然）SがVすることになる**」の意味を表す。ここでは，「彼の言うことから」を関係代名詞whatを用いて from what he says と表し，followsとthatの間に挿入する形を作る。この文のItは形式主語で，that以下を指している。

Lesson
07
名詞・代名詞

前置詞や接続詞を使った表現は，単に形を覚えるだけではなく，例文の中で活用してしっかり実力として染み込ませることが重要。無限にあるように思える前置詞の表現も，辞書を片手に原義と組み合わせて暗記していくと徐々に頭の中が整理されていくはず。

1 to one's 感情名詞

> 問　He missed first prize and regretted it greatly.
>
> ＝ ☐ his ☐ ☐ , he missed first prize.
>
> 〔立命館大（経営）〕

to one's 感情名詞は，副詞的修飾部分を作り，「**人が～したことには**」という意味になる。上の文のregrettedという動詞を，下の文ではregretという名詞にして，to one's regret（～が後悔したことには）を使えばよい。この表現を強調する場合には，名詞の前にgreatを置く。

答 ⇒To, great, regret

（訳：彼は一等をのがし，とても悔やんだ。
　　　＝とても悔しいことに，彼は一等をのがした。）

● to one's 感情名詞の表現 ●

☐ **to one's surprise**　　＝～が驚いたことには

例 To everyone's surprise, it started snowing in the middle of summer.
（誰もが驚いたことには，夏の真っ盛りに雪が降り始めた。）

☐ **to one's disappointment**　　＝～ががっかりしたことには

例 To her disappointment, the concert was canceled at the last minute.
（彼女ががっかりしたことには，コンサートが最後の最後で中止になった。）

☐ **to one's satisfaction**　　＝～が満足したことには

例 To my satisfaction, the meal was as delicious as I had hoped.
（私が満足したことには，食事は私が望んでいたのと同じくらいおいしかった。）

2 前置詞＋抽象名詞

> 問　These kinds of paintings are ☐ little value.
>
> 〔中央大（経）〕

空所の後ろに value という抽象名詞が置かれている。抽象名詞は，前置詞 of と結び付いて **of ＋抽象名詞**で**形容詞**の働きをする。of value は，valuable と同じで「価値がある」という意味になる。ここでは，準否定語の little（ほとんど……ない）が value という抽象名詞の前に置かれていることにも注意。

また，**with ＋抽象名詞**は**副詞**の働きをする。例えば，with ease は easily と同じで「容易に」という意味になる。このような表現で代表的なものはしっかりと押さえておきたい。

答⇒ of（訳：このような種類の絵はほとんど価値がない。）

● of ＋抽象名詞の表現 ●

☐ **of value = valuable**　　＝価値がある

　例 Protecting the environment is of value for future generations.

　　= Protecting the environment is valuable for future generations.

　（環境を守ることは，将来の世代にとって価値がある。）

....

☐ **of use = useful**　　　　＝役に立つ

　例 His advice was of use in making my decision.

　　= His advice was useful in making my decision.

　（彼のアドバイスは，私が決断するのに役立った。）

....

☐ **of importance = important** ＝重要な

　例 Trust is of importance in any relationship.

　　= Trust is important in any relationship.

　（信頼はどのような関係においても重要だ。）

● with ＋ 抽象名詞の表現 ●

☐ with ease = easily ＝容易に

例 She solved the complex puzzle with ease.

= She solved the complex puzzle easily.

(彼女は複雑なパズルを簡単に解いた。)

☐ with care = carefully ＝注意深く

例 Pack the items with care to avoid damage.

= Pack the items carefully to avoid damage.

(損傷を避けるため，品物を注意して梱包してください。)

☐ with rapidity = rapidly ＝速く

例 The rumor spread through the office with rapidity.

= The rumor spread through the office rapidly.

(その噂はオフィス中にすぐに広がった。)

3 as long as と as far as

問 指示に従っている限り，あなたは安全だ。

As ＿＿＿ ＿＿＿ ＿＿＿ ＿＿＿ ＿＿＿ ＿＿＿ , you'll be safe.

(1語不要)

① follow　　② as　　③ the　　④ you

⑤ instructions ⑥ far　　⑦ long

　従属接続詞の中で，特に注意しておきたいのがas long as **S V**と as far as **S V**の区別だ。as long as **S V**は条件を表し「**S**が**V**する限りは」という意味になる。日本語で言うと「ならば」に置き換えることができるような場合に，as long as **S V**を使う。as far as **S V**というのは程度を表すもので，これも日本語にすると「**S**が**V**する限りでは」という風に似たような日本語になるが，As far as I know, the meeting has been postponed. (私の知る限り，会議は延期されました。) のように，程度や範囲を表し，as long as **S V**とは異なった状況で使う。

答⇒ 7-2-4-1-3-5　不要＝ 6

(As long as you follow the instructions, you'll be safe.)

4 従属接続詞

　従属接続詞とは，文の中の主従関係で従の方になる節，すなわち従節を作る接続詞のことをいう。この従属接続詞が作る節は，副詞の働きをしたり（副詞節），名詞の働きをしたりすることがある（名詞節）。例えば，since S V（SがVして以来，SがVするので）やbecause S V（SがVするので），while S V（SがVする間に），once S V（いったんSがVしたら）などは副詞節を作る従属接続詞で，主節の前と後のどちらに置かれることもある。

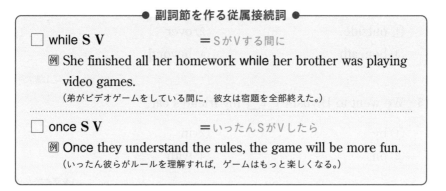

●── 副詞節を作る従属接続詞 ──●

☐ while S V　　　　　　　　＝SがVする間に

例 She finished all her homework while her brother was playing video games.
（弟がビデオゲームをしている間に，彼女は宿題を全部終えた。）

┈┈┈┈┈┈┈┈┈┈┈┈┈┈┈┈┈┈┈┈┈┈┈┈┈┈┈┈┈┈┈┈┈

☐ once S V　　　　　　　　＝いったんSがVしたら

例 Once they understand the rules, the game will be more fun.
（いったん彼らがルールを理解すれば，ゲームはもっと楽しくなる。）

　従属接続詞は名詞節を作る場合もあり，例えばthat S Vは「SがVすること」，if S Vやwhether S Vは「SがVするかどうか」となる。またifやwhetherは副詞節を作ることもでき，if S V（もしもSがVするならば），whether S V（SがVしようとしなかろうと）の意味になる。

●── 名詞節を作る従属接続詞 ──●

☐ that S V　　　　　　　　＝SがVすること

例 She heard that the school was planning a new cultural festival.
（彼女は学校が新しい文化祭を計画しているということを聞いた。）

┈┈┈┈┈┈┈┈┈┈┈┈┈┈┈┈┈┈┈┈┈┈┈┈┈┈┈┈┈┈┈┈┈

☐ if S V　　　　　　　　　＝SがVするかどうか

例 She's wondering if it's too late to join the soccer team.
（彼女はサッカーチームに入るにはもう遅すぎるかどうか疑問に思っている。）

┈┈┈┈┈┈┈┈┈┈┈┈┈┈┈┈┈┈┈┈┈┈┈┈┈┈┈┈┈┈┈┈┈

☐ whether S V　　　　　　　＝SがVするかどうか

例 He questioned whether the library would be open on Sunday.
（彼は図書館が日曜日に開いているかどうか疑問に思った。）

Lesson

08

前置詞・接続詞

143

問1：次の英文の空所に入れるのに最も適当なものを選べ。

□ **1** The judge finally settled everything ⬚1 everyone's satisfaction.

① with   ② from

③ at   ④ to

〔中央大（経）〕

頻出 □ **2** The things he told us about his experiences in Tibet were ⬚2 belief.

① outside   ② over

③ beneath   ④ beyond

〔上智大（文）〕

□ **3** We went to Hiyoshi ⬚3 my friend's car.

① by   ② in

③ on   ④ with

〔慶應義塾大（経）〕

□ **4** ⬚4 to somebody, a British person may shake hands.

① By introduction   ② In introducing

③ On being introduced   ④ During being introduced

〔慶應義塾大（環境情報）〕

難 □ **5** A big earthquake may reduce our civilization ⬚5 chaos.

① at   ② with

③ on   ④ to

〔東京薬大（薬）〕

□ **6** I fear you are ⬚6 an illusion about that person. Far from being a gentleman, he is highly untrustworthy.

① in   ② under

③ with   ④ for

〔上智大（文）〕

答1 裁判官はみんなの納得がいくように，ついにすべてを解決した。

　　[1]⇒④ to

　▶satisfactionという名詞は，**to one's satisfaction**で「〜が満足したことには，〜が満足できるように」という意味になる。これは，to the satisfaction of 〜 とも書き換えることができる。

答2 彼がチベットでの経験について私たちに話したことは，信じられなかった。

　　[2]⇒④ beyond

　▶**beyond**という前置詞は，**超越や不可能**を表すことができる。beyond belief で「信じることを超越して」，すなわち「信じられない」の意味となる。① outsideは「外側に」という意味。② overは広がりをもって上にかぶさっているような場合に使う。③ beneathは「〜の下に」という意味。

答3 私たちは，友人の車で日吉へ行った。

　　[3]⇒② in

　▶無冠詞の名詞は抽象的なものを表し，aやthe，所有格などが名詞の前にある場合は具体的なものを表す。無冠詞のcarは「車という交通手段」という意味になるので，**交通手段を表すby**を使うが，ここでは前にmy friend'sがあるので，「**(具体的な車に) 乗り込んで**」という場合の② **in**を使う。

答4 誰かに紹介されるとすぐにイギリス人は握手をするだろう。

　　[4]⇒③ On being introduced

　▶前置詞onは**接触**を表し，ここでは出来事が時間的に接触している。On Vingは「**V**するとすぐに」という意味だが，主文の主語a British personは紹介される方だから，受動の動名詞being **V**ppが使われている。during の直後には特定の期間や行為を表す名詞が続き，動名詞を続けることはない。

答5 大きな地震が起こると文明は大混乱に陥ってしまうかもしれない。

　　[5]⇒④ to

　▶reduceは，**reduce A to B**で「**AをBの状態にする**」という意味になる。Bの部分にはマイナスイメージの事柄を置く。このtoは状態の変化を意味している。

答6 あなたはあの人物を錯覚しているのではないだろうか。紳士どころか，彼はとても信用できない。

　　[6]⇒② under

　▶**under**は「〜の真下に」の他に，「〜の支配や影響などを受けて」という意味がある。この意味のunderを使った重要表現には，**under construction**（建設中で），**under repair**（修理中で）などがある。untrustworthy は「信頼できない」という意味の形容詞。

Lesson 08 前置詞・接続詞

☐ **7** I found no shoes completely [7] my taste.

① with ② for

③ to ④ by

〔関西学院大（文）〕

[頻出] ☐ **8** During the movie Mary sat [8] Larson.

① beside ② next at

③ besides ④ besides of

〔大阪経大（経）〕

☐ **9** The game was exciting, and [9] there was no admission charged.

① all the same ② besides

③ except this ④ therefore

〔京都産業大（経・理・工）〕

☐ **10** [10] it rains or not, Fujita is planning to have a picnic.

① As to whether ② Depended whether

③ Depending ④ Whether

〔慶應義塾大（経）〕

[難] ☐ **11** Newspapers depend [11] their livelihood on rapid and accurate news.

① by ② for

③ in ④ to

〔上智大（経－経営）〕

☐ **12** They are not [12] taking bribes.

① above ② ashamed

③ concerned ④ thinking

〔学習院大（経）〕

146

答7 自分の好みにぴったり合う靴が見つからなかった。

$\boxed{7} \Rightarrow$ ③ to

▶ taste という名詞は，**to one's taste** で「〜の好みに合った」という意味になる。これは，to the taste of 〜 とも書き換えることができる。

答8 上映中，メアリーはラーソンの隣に座っていた。

$\boxed{8} \Rightarrow$ ① beside

▶ ① **beside** は「〜のそばに」，③ **besides** は「〜に加えて」という意味の前置詞。また，**besides** は副詞として「それに加えて」という意味で使うこともできる。**前置詞の besides** は **in addition to**，**副詞の besides** は **in addition** に書き換えられる。**next to 〜**（〜の隣に）という表現も重要だが，②では at なので不可。

答9 試合は面白かった。そのうえ，入場料はただだった。

$\boxed{9} \Rightarrow$ ② besides

▶「そのうえ，それに加えて」は，② **besides** という**副詞**を使う。この besides は，**moreover, furthermore, in addition** にも書き換えられる。① **all the same** は「にもかかわらず」という意味で，文や節の始めか終わりで使われる。③ **except** は「〜を除いて」という意味の前置詞，④ **therefore** は「それ故に」という意味の副詞。

答10 雨が降ろうと降らなかろうと，フジタはピクニックに行こうとしている。

$\boxed{10} \Rightarrow$ ④ Whether

きそ ▶ **whether S V (or not)** で，「S が V しようとしまいと」という**副詞節**を作ることができる。**as to 〜** は，「〜に関して」という意味の前置詞。depend という動詞は **depending on 〜** で「〜次第で」という意味で使われる。

答11 新聞はその生計を，迅速で正確なニュースに依存している。

$\boxed{11} \Rightarrow$ ② for

▶ depend という動詞は，**depend on A for B** で「A に B を頼る」という意味で使われる。この文では，for B が on A の前に移動し，depend for B on A という語順になっている。

答12 彼らは賄賂を受け取ることをなんとも思っていない。

$\boxed{12} \Rightarrow$ ① above

⚠ ▶ ① above は超越，高潔を表し，**be above Ving** で「V することなどしない，V することを恥じている」という意味になる。② ashamed，④ thinking を使う場合は前置詞 of が必要。③ concerned を使う場合には about が必要となる。

☐ **13** My brother's an authority ☐13☐ philosophy.

① with　　　　　② at

③ on　　　　　④ to

〔中央大(経)〕

☐ **14** I'll be back ☐14☐ a second.

① on　　　　　② in

③ after　　　　④ at

〔中央大(経)〕

☐ **15** He really gets into things. ☐15☐ he starts something, he's oblivious to everything else.

① Since　　　　② Once

③ While　　　　④ As long as

〔上智大(文)〈改〉〕

☐ **16** You should be able to get a reasonable grade, ☐16☐ you study hard.

① as far as　　　② however

③ provided　　　④ unless

〔立教大(文A)〈改〉〕

頻出 ☐ **17** Young men today are unlike our generation ☐17☐ they express their likes and dislikes clearly.

① how　　　　　② regarding

③ in what　　　④ in that

〔中央大(経)〕

難 ☐ **18** ☐18☐ , he couldn't get the door open.

① Even as he may try　　② Try as he might

③ However he can try hard　④ Hard though he might be

〔獨協大(外)〕

答13 私の兄は哲学の権威だ。

　　13 ⇒③ on

▶ **authority**は「大家，権威」という意味で，**authority on ～**（～の大家，権威）となる。また，「権力，影響力」という意味もあり，authority over ～（～に対する権力，影響力）となる。

答14 私はすぐに戻ります。

　　14 ⇒② in

▲ ▶ **現在からの時間の経過**（～たったら）を表すには，**② in** という前置詞を使う。③ afterは過去からの時間の経過を表す場合に用いる。

答15 彼は本当に物事に没頭する。いったん彼が何かを始めたら，彼は他のすべてのことに気づかなくなる。

　　15 ⇒② Once

きそ ▶① **since S V**は，「SがVして以来，SがVするので」，③ **while S V**は「SがVする間，SがVする一方で」の意味。また，④ **as long as S V**は「SがVする限り」という意味（条件）。ここでは② **once S V**（いったんSがVすると）が最も適切。be oblivious to ～は「～に気がつかない」。

答16 一生懸命勉強すれば，それなりの成績を取ることができるだろう。

　　16 ⇒③ provided

▶ **provided[providing]（that）S V**で，「もしもSがVするならば」という条件を表す副詞節を作る。この表現は仮定法には使えないので注意。**as far as S V**は，「SがVする限り」という程度や距離を表す。**however**は**譲歩**を表し，however hard **S V**（どんなに一生懸命にSが Vしようとも）のように，直後に形容詞や副詞を伴って使われる。**unless S V**は「SがVしないならば」。

答17 今の若者たちは好き嫌いをはっきり表現するという点でわれわれの世代とは違う。

　　17 ⇒④ in that

▶ **in that S V**は「SがVする点で」という重要表現。① **how S V**は「SがVする方法」という名詞節を作るが，空所の後ろは副詞節。② **regarding**はregarding ～で「～に関して」という**前置詞**の働きをするが，空所の後ろには節が来ている。関係代名詞whatの後ろには不完全な文が続くので③も不可。

答18 どんなにやってみても，彼はドアを開けることができなかった。

　　18 ⇒② Try as he might

▶ **接続詞as**は「ので，とき，ように，につれて」の他に，後ろの形容詞，副詞，動詞などをasの前に移動して「けれども」という意味で使うこともできる。①は時制の一致ができていない。③は副詞hardがHoweverの後ろになければならず，時制も合っていない。④は元の文に直すとHe might be hardとなるが，人間を形容して「一生懸命」という意味でhardを使うことはできない。

☐ **19** I had to grab the iron rail at my side ☐19 I should slip off and fall.

① in fear   ② so that
③ since   ④ lest

〔上智大（法・文）〈改〉〕

◆難 ☐ **20** You can wear my scarf ☐20 you don't spill anything on it.

① as long as   ② unless
③ even if   ④ so that

〔慶應義塾大（総合政策）〕

問2：次の英文の下線部のうち，誤った英語表現を含む番号を選べ。

☐ **21** Last night in my living room I was surprised ①by a ②huge cockroach, and I killed ③it ④by my slipper.

誤り＝ ☐21   〔獨協大（外）〕

☐ **22** He's ①still here and ②he'll probably ③be here ④by late tonight.

誤り＝ ☐22   〔南山短大〕

◆難 ☐ **23** A book is ①not always a good book ②but it ③is written ④by a famous writer.

誤り＝ ☐23   〔獨協大（外）〕

答19 私は滑り落ちて転ばないように，そばの鉄の手すりをつかまなければならなかった。

$\boxed{19}$ ⇒④ lest

▶ **lest S should V**は「**SがVしないように**」という意味の表現で，**for fear (that) S should V**に書き換えることができる。古風な表現で実際の会話ではあまり使われないが，参考に知っておきたい。② **so that .....** は**目的**を表す接続詞。③ **since**は理由を表す「**.....ので**」，時の起点を表す「**～以来**」という意味で使う。

答20 何も上にこぼさないなら，私のスカーフを巻いていていいわよ。

$\boxed{20}$ ⇒① as long as

▶ **as[so] long as S V**（**SがVする限り**）は**条件**や**期間**を表し，これとよく似た **as[so] far as S V**（**SがVする限り**）は**距離**や**範囲**，**程度**を表す。**unless S V**は「**SがVしないならば**」でそれ自体，否定の意味を含んでいる。**even if S V**は「**たとえSがVしても**」。**so that .....** は，**結果**や**目的**を表す接続詞。

答21 昨晩私は居間で大きなゴキブリに驚き，スリッパで殺した。

$\boxed{21}$ ⇒④ by → with

▶ スリッパはゴキブリを殺した道具。「道具」を表すには前置詞withを使う。byにも手段，方法を表す用法はあるが，その場合は普通，直後に無冠詞の名詞を続ける。be surprisedの後ろにはatを置くことが多いが，byを置いても誤りではない。

答22 彼はまだここにいるが，たぶん今夜は遅くまでここにいるだろう。

$\boxed{22}$ ⇒④ by → till[until]

▶ **by**は「**～までに（.....してしまう）**」という完了，**till[until]**は「**～まで（ずっと.....している）**」という継続を表す。文脈よりbyをtill[until]にする。

答23 有名な著者によって書かれたからといって，必ずしも良い本だとは限らない。

$\boxed{23}$ ⇒② but → because

▶ 接続詞butをbecauseに書き換えると意味が通る。このように，**because S V**は主節の否定語と共に使われると，「**SがVするからといって（.....ない）**」という意味で使うこともできる。

□ **24** ①<u>While the Middle Ages</u> which ②<u>followed</u> ③<u>Roman times,</u> plague ④<u>prevailed.</u>

誤り = ☐ 24 ☐

〔慶應義塾大(理工)〕

□ **25** Anyone ①<u>wishing</u> ②<u>to</u> attend the conference must ③<u>send in</u> an application ④<u>at</u> or before March 31.

誤り = ☐ 25 ☐

〔明海大(外国語)〕

問3：日本文に合う英文になるように選択肢の語を並べ替え，空所に入るものを選べ。

□ **26** 月に一度の土曜日を休日とする新しい学校制度が，10年前に始まった。

The new school system _____ ☐ 26 ☐ _____ _____ ☐ 27 ☐ _____ started ten years ago.

① Saturday ② a ③ off ④ month
⑤ one ⑥ with

〔慶應義塾大(理工)〈改〉〕

□ **27** ブランデーのグラスを傾けながらわれわれはそれらの詩人や音楽家について語った。(1語補足)

_____ ☐ 28 ☐ _____ _____ ☐ 29 ☐ _____ _____ _____ glasses of brandy.

① and ② musicians ③ of ④ poets
⑤ spoke ⑥ the ⑦ we

〔中央大(文)〕

□ **28** 何年も前に起きたことなのだから，あなたはこのことを忘れるべきだ。

You _____ _____ ☐ 30 ☐ _____ , _____ _____ ☐ 31 ☐ _____ years ago.

① happened ② should ③ for ④ it
⑤ about ⑥ forget ⑦ this matter ⑧ many

〔実践女子大(文)〕

答24 ローマ時代に続く中世の間，疫病が流行していた。

⟨24⟩ ⇒ ① While the Middle Ages → During the Middle Ages

▶ while は接続詞であり，while S V の形で「S が V する間に」の意味を表す。ここでは which followed Roman times という関係代名詞節が the Middle Ages を修飾しており，これを取り外して考えると the Middle Ages しか残らない。よって前置詞の during (〜の間) を使うのが正しい。

答25 会議に出席したい人は誰でも，3月31日またはそれ以前に申込書を提出しなければならない。

⟨25⟩ ⇒ ④ at → on

▶ 特定の日を表す前置詞は，at でなく on が正しい。① wishing は who wishes の意味で，前の代名詞 Anyone を限定する現在分詞。③ send in は「提出する」の意味の群動詞で，turn in, give in, submit などで言い換えられる。

答26 The new school system with one Saturday a month off started ten years ago.

⟨26⟩ ⇒ ⑤ ⟨27⟩ ⇒ ④ (6-5-1-2-4-3)

きそ ▶ with 名詞 補語 で，「名詞を…な状態にして」という意味になる。名詞の部分に one Saturday a month を置き，補語の部分に off を置けば「月に一度の土曜日が休みの状態で」という意味が成立する。ここでの a は，per (〜につき) にも書き換えられる。

Lesson
08
前置詞・接続詞

答27 We spoke of the poets and musicians over glasses of brandy.

⟨28⟩ ⇒ ⑤ ⟨29⟩ ⇒ ④ (7-5-3-6-4-1-2-X) 補足 = over

▶ spoke の後ろの of は，「〜について」という about と同じような意味を持つ。また，前置詞 over は，飲み物や食べ物などの上を覆うような姿勢で人が話をすることから「〜を飲みながら，〜を食べながら」という意味を持つ。over にはもともと，何かの全体をまたいでいるような意味がある。

答28 You should forget about this matter, for it happened many years ago.

⟨30⟩ ⇒ ⑤ ⟨31⟩ ⇒ ① (2-6-5-7-3-4-1-8)

▶ 接続詞 for は，文の後ろに理由を補足する際に使われ，....., for S V で「・・・・というのも S が V するからだ」という意味になる。for の前には，カンマを置くのが一般的。

☐ **29** 最終バスに乗り遅れないように，私は停留所までずっと走って行った。

I ran ___ ___ <u>32</u> ___ ___ <u>33</u> ___ ___ .

① lest　　② the last bus　③ the bus stop　④ I

⑤ all the way　⑥ should　　⑦ to　　⑧ miss

〔武蔵工大（建築・経営工）〕

频出 ☐ **30** 君ももう大人なのだから，自活して，ご両親の負担を少なくしたらどうか。

Now that you are a grown-up, you should earn your living ___

___ <u>34</u> ___ ___ <u>35</u> ___ ___ your parents.

① on　　② that　　③ dependent　④ be

⑤ you　　⑥ so　　⑦ will　　⑧ less

〔立命館大（経営）〕

答29 I ran all the way to **the bus stop** lest I **should** miss the last bus.
　　　32 ⇒③ 　33 ⇒⑥　(5-7-**3**-1-4-**6**-8-2)
　　　▶ **lest S should V**（SがVしないように）は，古風な表現で実際の会話ではあまり使われないが，参考に知っておきたい。**for fear (that) S should V**にも書き換えられる。また，目的を表すso thatを使って，**so that S will not V**と書き換えることもできる。

答30 Now that you are a grown-up, you should earn your living so that **you** will be **less** dependent on your parents.
　　　34 ⇒⑤ 　35 ⇒⑧　(6-2-**5**-7-4-**8**-3-1)
　　　▶ **now that S V**で「今やSはVするのだから」という意味になる。**目的**を表す**so that S may[will, can] V**（SがVするように）という接続詞の表現にも注意。

REVIEW

それぞれの前置詞や接続詞の持つ意味は，単に日本語訳を丸暗記するのではなく，これまで同様に例文の中でイメージをつかみながら覚えるようにしましょう。ドラマや映画，動画などで英語に触れる時にも，前置詞や接続詞などを意識しながら見ることで，それぞれの語の持つ意味合いへの理解が深まりますよ。

その他

🔊 LV5 Lesson09

> このレベルでさらに注意したい強調構文や無生物主語構文などの特殊構文や，長文を読む際にも必須の接続詞を使った表現などについて確認していく。また，残りの重要文法事項についても問題演習を通じて学んでいこう。

1 強調構文の疑問文

> 問　彼が心変わりをしたのは一体なぜか。
>
> What _____ _____ _____ _____ _____ _____ _____ mind?
>
> ① his　　　② change　　③ made　　④ it
> ⑤ him　　　⑥ that　　　⑦ was
>
> 〔東京家政大〕

　この文を理解するために，便宜上「彼の気持ちを変えたのは彼女の言葉だった」としてみると，It was her words that made him change his mind. となる。her wordsが不明だったために，疑問詞whatになって文頭に出た，と考えてみよう。

　疑問詞を文頭に出すと，続く文は疑問文にしなければならないので，強調構文の主語と述語が逆転してwas itになる。その後ろにthat以下を続ければ，What was it that made him change his mind? という文ができる。これはもちろん，What made him change his mind? と同じ意味の文になるが，強調構文を使用した場合は疑問詞whatが強調されることになる。

　答 ⇒ 7-4-6-3-5-2-1

　　(What was it that made him change his mind?)

2 無生物主語構文

> 問　この評価調査によって，君は他人の目を通して自分を見ることを
> 学ぶだろう。
>
> This evaluation questionnaire ＿＿＿＿ ＿＿＿＿ ＿＿＿＿ ＿＿＿＿
> ＿＿＿＿ ＿＿＿＿ ＿＿＿＿ see you.
>
> ① other　　② people　　③ as　　　④ see yourself
> ⑤ will teach　⑥ you　　　⑦ to　　　〔慶應義塾大（理工）〕

　人間ではないものを主語とし，目的語の位置に来る人間に影響を与えるよ
うな構文を**無生物主語構文**という。直訳すると不自然な訳となるため，訳す
際には工夫が必要となる。**主語は「〜のせいで，〜のために，〜すると」とい
うように副詞的に，目的語は「〜は，〜が」というように主語的に訳す。**さら
に動詞は，文脈に応じてもともとの動詞の訳とは違う訳にしなければならな
いことが多いので注意したい。

　この文は，主語を副詞的に「評価調査によって」，目的語を主語的に「君
は」と訳している。この日本語と英語のギャップに即座に気づき，無生物主
語構文で組み立てていくことが解答のポイントとなる。

　答⇒ **5-6-7-4-3-1-2**

　　　(This evaluation questionnaire will teach you to see yourself as other
　　　people see you.)

3 推量の助動詞 could, would

> 問　A：I saw your uncle drive by in a red sports car yesterday.
> 　　B：I only have one uncle, and he died six years ago. There
> 　　　 ＿＿＿ ＿＿＿ ＿＿＿ ＿＿＿ ＿＿＿ ＿＿＿ ＿＿＿ him
> 　　　 yesterday.
>
> ① could　　② have　　③ is　　　④ no
> ⑤ seen　　⑥ way　　　⑦ you　　　〔センター試験（追）〕

　この文では，**助動詞could**が「過去に**V**できた」ではなく，「**V**するだろう」
という推量の意味で使われている。このように，**過去の助動詞could,**

wouldは推量の意味で使うことができる。直後に原形動詞が置かれる場合は現在の事柄についての推量，**have V$_{pp}$が置かれる場合は過去の出来事に対する推量**を表す。また，There is no way **S V**（**S**が**V**するはずはない）という口語表現も覚えておきたい。

答⇒ 3-4-6-7-1-2-5

A : I saw your uncle drive by in a red sports car yesterday.

B : I only have one uncle, and he died six years ago. There is no way you could hane seen him yesterday.

（訳：A：私は昨日，あなたのおじさんが赤いスポーツカーに乗って通り過ぎるところを見たよ。

B：私にはおじさんは1人しかいないし，6年前に他界したから，あなたが昨日彼を見たはずなんてないわ。）

4 not A but B / not only A but also B

接続詞を使った not A but B のような表現は，特に長文を読む場合などに重要。not A but B は「AではなくてB」というように，Aを否定して，同時にBを肯定するような場合に使う。これは英文を読むときにさまざまな形で現れてくる。例えば B, not A というような形で出てきても，同じような意味になる。

● not A but B と B, not A ●

例 The decline in bee populations is caused not by one single factor but by a combination of several.

= The decline in bee populations is caused by a combination of several, not by one single factor.

（ミツバチの個体数減少は，一つの要因ではなく，いくつかの要因の組み合わせによって引き起こされている。）

2つの例文を対照してAとBが入れ替わっていても，しっかりつかめるように訓練しておきたい。

not only A but also B は「AだけではなくBも」という意味で，ここで筆者が強調したいのはBの方となる。これを B as well as A「Aと同様にBも」と

言い換えることができるが，筆者が強調したいのはBの方であるということに注意をしておく。

● not only A but also B と B as well as A ●

例 The study found that regular exercise improves not only physical health but also mental well-being.

= The study found that regular exercise improves mental well-being as well as physical health.

（その研究では，定期的な運動が身体の健康だけでなく，精神的な幸福にも改善をもたらすことがわかった。）

---

5 2つのものを並べる表現

2つのものを並べる表現には，both A and B，either A or B，neither A nor Bもある。both A and Bは「AとBの両方」という意味で，接続詞がandであることに注意する。either A or Bは「AでもBでもどちらでも……」という意味で使うことができる。また，neither A nor Bは「AもBもどちらも……ない」という否定文で使われる。both，either，neitherのいずれも2つのものに使う表現だということに注意しておくとよい。

● 接続詞 and，or，nor の慣用表現 ●

☐ both A and B   ＝AとBの両方

例 Both the white and the striped shirts are on sale.
（白いシャツとストライプのシャツの両方がセール中だ。）

⋯⋯⋯⋯⋯⋯⋯⋯⋯⋯⋯⋯⋯⋯⋯⋯⋯⋯⋯⋯⋯⋯⋯⋯⋯⋯⋯⋯⋯

☐ either A or B   ＝AかBのどちらか

例 Either cheesecake or fruitcake is fine for dessert.
（デザートには，チーズケーキかフルーツケーキのどちらかが良い。）

⋯⋯⋯⋯⋯⋯⋯⋯⋯⋯⋯⋯⋯⋯⋯⋯⋯⋯⋯⋯⋯⋯⋯⋯⋯⋯⋯⋯⋯

☐ neither A nor B   ＝AもBもどちらも～でない

例 Neither Tom nor I knew the answer.
（トムも私もその答えを知らなかった。）
※ neither A nor Bのときは，orではなく **nor** を使う。

問 1：次の英文の空所に入れるのに最も適当なものを選べ。

☐ **1** My uncle once said that Aesop's Fables ☐1☐ his favorite book in his childhood.

① is   ② were

③ are   ④ was

〔昭和女子大短大〕

☐ **2** It is not what we eat but what we digest ☐2☐ makes us strong.

① that   ② what

③ where   ④ how

〔桜美林大（経）〕

☐ **3** A : The stock market share-index has risen sharply.

B : ☐3☐ .

① So do I hear   ② So I hear

③ I hear that   ④ I hear it

〔慶應義塾大（総合政策）〕

◆難☐ **4** ☐4☐ morning saw us on our way back to Japan.

① On Sunday   ② Sunday

③ Sunday in   ④ When Sunday

〔立命館大（文・政策科）〕

頻出☐ **5** I should say this is ☐5☐ question.

① too simple   ② a too simple

③ too a simple   ④ too simple a

〔関西学院大（文）〕

☐ **6** Our task is to paint the wall in three weeks, ☐6☐ ?

① don't we   ② aren't we

③ isn't it   ④ doesn't it

〔同志社大（工）〕

答1 私のおじは，以前，子供の頃にイソップ物語がお気に入りだったと言っていた。

⬜1 ⇒④ was

⚠️ ▶ Aesop's Fables（イソップ物語）は，1つの寓話集のタイトルなので単数扱い。さらに，主節の動詞が過去形なので，時制の一致で従属節の動詞も過去形にする。答えは④。

答2 私たちを強くするのは，食べるものではなく消化するものだ。

⬜2 ⇒① that

▶ not A but B は，「AではなくB」という意味。not と but の直後の what は関係代名詞。not から digest までが名詞句のかたまりで，この名詞句を It is と that で強調したと考える。元の文は，Not what we eat but what we digest makes us strong. となる。

答3 A：市場の株式指数が急激に上がってきた。B：私もそう聞いています。

⬜3 ⇒② So I hear

▶ 相手の言うことに対して「**私もそう聞いています。**」と言う場合には，**So I hear.** を使う。内容全体に呼応する場合には，that や it よりも so を使うのが普通。so は先行する内容を代用することができ，hear, say, believe などの動詞を使う場合は，文頭に移動することも多い。

答4 日曜日の朝になると，私たちは日本への帰途についていた。

⬜4 ⇒② Sunday

▶ 直訳すると「日曜日の朝が私たちが日本への帰途についているのを見た」となる。**無生物主語構文**は，**主語を副詞的に訳す**工夫をする。①は主語が前置詞句になってしまうので不可。③は「朝の日曜日」というおかしな意味になる。④は接続詞 when が従属節を作ることになるが，主節が存在しないので不可。

答5 この問題は単純すぎるのではないでしょうか。

⬜5 ⇒④ too simple a

きそ ▶ 副詞の **too, how, so, as** の後ろの語順は，**形容詞 a 名詞**となる。この形にあてはまる④が正解。**such a 形容詞 名詞**などの語順と混同しないように注意。

答6 私たちの仕事はその壁を3週間で塗ることですよねえ。

⬜6 ⇒③ isn't it

きそ ▶ 付加疑問文では，助動詞や be 動詞などを主節の動詞に合わせ，主語を代名詞に変える。さらに，主節が肯定文なら否定，否定文なら肯定にして疑問文の語順にする。ここでは，主節の述語動詞が be 動詞の肯定文で，our task を代名詞に変えると it になるので③が正解。

☐ 7 ⬚7 many things in life are bent, broken, empty or otherwise unsatisfactory that it is always a pleasure to report something that is perfect the way it is.

① As   ② Not

③ So   ④ Too   〔京都外語大(英米)〕

頻出 ☐ 8 ⬚8 was Linda's disappointment that she burst into tears.

① This   ② That

③ It   ④ Such

〔中央大(商)〕

難 ☐ 9 Come what ⬚9 , I will stick to the decision I have just made.

① can   ② may

③ could   ④ has

〔英検準1級〕

☐ 10 The president of the fashion company in Japan was sending a researcher to Denmark to discover — ⬚10 it or not — how the Vikings knitted.

① find   ② take

③ think   ④ believe   〔中央大(商)〕

☐ 11 Not words but action ⬚11 now.

① are needed   ② is needed

③ need   ④ needs

〔慶應義塾大(経)〕

☐ 12 I hear that a farewell party for Mr. Anderson will be held ⬚12 .

① on the 21st Tuesday, April   ② in April the 21st Tuesday

③ on Tuesday, April the 21st   ④ in April Tuesday the 21st

〔センター試験〕

Answers

答7 人生には曲がっていて，壊れていて，空っぽで，その他の面で不満足なことがたくさんあるので，それ自体完璧な物を報告することはいつだって喜ばしいことである。

7 ⇒ ③ So

▶前半の文と後半の文をthatでつなぐためには，**so ... that S V 構文**のsoが必要となる。主語を修飾する形容詞manyの前に③ Soを置く。

答8 リンダはすごくがっかりしていて，急に泣き出した。

8 ⇒ ④ Such

▶suchが代名詞として「そのようなもの，それほどのもの」という意味で使われる場合，**～ is such that S V（～はSがVするほどのものである）**になる。ここでは，suchを強調するために倒置が起こり，**such is ～ that S V**になっている。①②③では，後半の文をthatでつなげない。itを形式主語と考えても，that以下の内容＝リンダの失望とはならないので不可。

答9 どんなことがあっても，今決めたことを貫き通すつもりだ。

9 ⇒ ② may

▶**come what may**は「どんなことがあろうとも」という意味で，**whatever may happen**に書き換えられる。このように譲歩を表す構文では，助動詞のmayやmightが使われる。

答10 日本のアパレル会社の社長は，信じられないかもしれないが，ヴァイキングの編み物のやり方を知るためにデンマークに調査員を送っていた。

10 ⇒ ④ believe

▶**believe it or not**は，「信じようと信じまいと」という意味の副詞句で，whether you believe it or notとも書き換えられる。同じような表現に，like it or not（好む好まざるにかかわらず）がある。

答11 言葉ではなく，行動が今必要とされている。

11 ⇒ ② is needed

▶**not A but B（AではなくB）**は，Bに筆者の重点が置かれるので，続く動詞はBに合わせる。「行動は必要とされている」という受動の意味から②を選ぶ。

答12 アンダーソン氏の送別会は4月21日の火曜日に開かれると聞いています。

12 ⇒ ③ on Tuesday, April the 21st

▶日付を英語で表現する場合には，**曜日→月→日**の順に並べる。①②だと「21番目の火曜日」というおかしな意味になる。

Lesson
09
その他

◆難 ☐ **13** More than one historian 〔13〕 in J. F. Kennedy the charismatic mind.

① was found ② were found

③ has found ④ have found 〔青山学院大（経）〕

☐ **14** It was only an informal party —— you 〔14〕 up.

① didn't have to dress ② don't have to dress

③ mustn't dress ④ mustn't have dressed

〔センター試験（追）〕

☐ **15** You 〔15〕 come with us, since you are saying you have nothing better to do tonight.

① would have ② might as well

③ would ④ shouldn't

〔慶應義塾大（環境情報）〕

☐ **16** I wonder who broke the wine glass; it 〔16〕 the cat for she was out all day.

① could have been ② should have been

③ might have been ④ could not have been

〔京都外語大（英米）〕

頻出 ☐ **17** You should 〔17〕 it without my permission.

① be not done ② have not done

③ not be done ④ not have done

〔関西学院大（文）〕

☐ **18** 〔18〕 this letter find you well and happy!

① I am afraid ② I think

③ May ④ Will

〔慶應義塾大（経）〕

答13 複数の歴史家が，Ｊ．Ｆ．ケネディにカリスマ的精神を見いだしている。

[13]⇒③ has found

▶ **more than ～**（～より多くの）は，１つ上の数以上を表す。例えば，**more than one** なら「２つ［人］以上の，複数の」となる。この表現は，単数扱いなので注意。受動の意味はないので，受動態の選択肢も不可。

答14 ただの気軽なパーティーだったのだから，あなたはめかし込む必要はなかったのに。

[14]⇒① didn't have to dress

▶ 義務を表す**助動詞 must** を否定にすると，**must not .....**（・・・・・してはならない）という禁止の意味になる。また，**don't have to V**（Vする必要はない）は，**need not V**，**don't need to V** とも書き換えられる。前文の時制から過去形とわかり，禁止だとも考えられないので①が答え。

答15 今夜これといってやることがないのだから，私たちと来た方がいい。

[15]⇒② might as well

▶ **may[might] as well V**（Vした方がよい）は重要表現。**may[might] as well V₁ as V₂** で「V₂ するくらいなら V₁ した方がましだ」という意味で使うこともできる。would have V$_{pp}$ は，過去に対する推量。また，このように肯定文で人を誘う場合に普通 would は使わない。shouldn't（・・・・・するべきではない）は，文脈に合わない。

答16 誰がそのワイングラスを割ったのだろう。猫であるはずがない。なぜならその猫は１日中ずっと外にいたからだ。

[16]⇒④ could not have been

▶ she = the cat と考えれば，「１日中外にいたので割ったはずはない」という意味を推測できる。過去のことに対する否定の推量は，**cannot[could not] have V$_{pp}$**（V したはずがない）を使う。①②③は「外にいたはずの猫が割った」ことになるので不可。

答17 あなたは私の許可なしでそれをすべきではなかったのに。

[17]⇒④ not have done

きそ ▶ 過去の出来事に対する後悔は，**should have V$_{pp}$** や **ought to have V$_{pp}$**（V すべきだったのに）が使われる。これらは，「V してしまっているはずだ」という当然の意味でも使われる。否定にするとそれぞれ should not have V$_{pp}$，ought not to have V$_{pp}$ となる。

答18 あなたが健康で幸せでありますように！

[18]⇒③ May

▶ 文末に「!」があることに注意。助動詞 may は祈願，願望を表し，疑問文のような語順を取る。**May S V !** で「S が V しますように」という意味になり，手紙などで人の健康や幸せを願う表現として使われる。

☐ **19** How dare you ☐19 to me like that!

① speak 　　　　　② to speak

③ speaking　　　　 ④ spoken

〔大阪産業大（経営）〕

☐ **20** A：Joan's five-year-old daughter died of cancer yesterday.

　　 B：☐20 ! She was such a nice little girl.

① What a terrible accident　 ② She is so poor

③ How awful　　　　　　　 ④ This is shameful

〔立命館大（理工）〕

問 2：次の英文の下線部のうち，誤った英語表現を含む番号を選べ。

☐ **21** ①To my surprise, Mr. Truman was elected ②the chairman of the
board at the meeting which ③was held the day ④before yesterday.

誤り＝ ☐21 　　　　　　　　　　　　　　　　〔明海大（経）〈改〉〕

◆☐ **22** He took ①a morning flight to New York, stayed there ②one night,
and ③flew to London ④following day.

誤り＝ ☐22 　　　　　　　　　　　　　　　　〔早稲田大（人間科）〕

☐ **23** ①Each of girls applying ②for the job is eager to be chosen, and
can't wait ③until tomorrow when the decision ④is to be made.

誤り＝ ☐23 　　　　　　　　　　　　　　　　〔同志社大（商）〈改〉〕

Answers

......................●

答19 どうしたら，あなたは私にそんな口をきけるの。

19 ⇒① speak

▶ **How dare S V![?]** は「よくもまあ，**S**は**V**できるものだ」というように，他人に対する憤慨を表す。この表現でのdareは助動詞として使われており，空所には原形動詞を置く。

答20 A：ジョーンの５歳の娘は，昨日がんで死んだんだ。

B：なんて恐ろしい！　彼女はあんなにすてきな少女だったのに。

20 ⇒③ How awful

▶ **how 形容詞[副詞]** は，「**なんと…**」という**感嘆句**を作る。がんで死ぬのはaccident（事故）とはいえない。また，「かわいそうに」という場合のpoorは限定用法でしか使わない。④のshamefulは「恥ずべき，下品な」という意味で，またthisは相手の発言を指すことはできない。awfulは「ひどい」という意味の形容詞。

答21 驚いたことに，トルーマン氏はおととい行われた会議で委員会の議長に選出された。

21 ⇒② the chairman → chairman

▶ **elect O C**（**O**を**C**に選出する）という表現を使った第５文型の文が，受動態になっている。**C**に身分や役職を表す名詞を置く場合は**無冠詞**にする。ここでは，chairmanの前のtheが不要。

答22 彼はニューヨークへの朝の飛行便に乗り，そこで１晩泊まった。そして翌日ロンドンへ飛び立った。

22 ⇒④ following day → the following day

▶「**翌日**」は，**the following day** と表す。この表現はもともと on the following day だが，onが省略されて the following day だけで副詞句の働きをすることが多い。似たような表現に，**the previous day（前日）**がある。

答23 その仕事に申し込んできた少女たちはそれぞれ選ばれたがっていて，決定が下される明日まで待つことができない。

23 ⇒① Each of girls → Each of the girls

きそ ▶ each of, all of, most of など，**数量代名詞＋of**の後ろに続く名詞には，**定冠詞the や所有格が必要**。ここでは，girlsの前にtheを付ける。

Lesson **09** その他

167

□ **24** It was the article I read ①<u>on</u> stress ②<u>in</u> the workplace ③<u>it convinced</u> me ④<u>to take a</u> vacation.

誤り＝ ☐ 24

〔立命館大（産業社会）〕

□ **25** ①<u>The most of</u> ②<u>the energy</u> ③<u>used in</u> our homes and factories ④<u>is generated from</u> coal, oil, and natural gas.

誤り＝ ☐ 25

〔桃山学院大〕

問3：日本文に合う英文になるように選択肢の語を並べ替え，空所に入るものを選べ。

□ **26** どんなに質素でも，わが家にまさるところはない。

_____ _____ ☐ 26 _____ _____ , _____ ☐ 27 _____ like home.

| ① it | ② ever | ③ there is | ④ so |
| ⑤ no | ⑥ be | ⑦ humble | ⑧ place |

〔成城短大〕

頻出 □ **27** 旅行の用意が周到であれば，面倒が大いに省けるだろう。（1語不要）

_____ _____ ☐ 28 _____ _____ _____ ☐ 29 _____ .

① preparation	② you
③ a lot of trouble	④ careful
⑤ for a journey	⑥ save
⑦ will	⑧ omit

〔名城大（商）〕

難 □ **28** 良い結果を得るには練習に練習を重ねることです。（1語補足）

_____ _____ ☐ 30 _____ _____ _____ ☐ 31 _____ _____ .

| ① getting | ② practice | ③ before | ④ a |
| ⑤ cannot | ⑥ one | ⑦ good result | ⑧ intensively |

〔明治大（文）〕

Answers

答24 私に休暇を取る気を起こさせたのは，職場でのストレスに関して私が読んだその記事だった。

[24] ⇒ ③ it convinced → that convinced

▶元の文だと2つ目のitの前と後ろがそれぞれ独立した文として成り立つので，両者をつなぐ接続詞が必要だと考える。文頭のItの働きを考え合わせると，強調構文を使えば意味が通じることが発見できる。

答25 私たちの家庭や工場で使われるエネルギーの大部分は，石炭，石油，天然ガスから生み出される。

[25] ⇒ ① The most → Most

▶**most of＋限定名詞**（定冠詞や所有格の付く名詞）で，「～の大部分」の意味を表す。この場合，most自体にはtheは付かない点に注意。mostを形容詞として使い，most energy（ほとんどのエネルギー）とも表現できる。

答26 Be it **ever** so humble, there is **no** place like home.

[26] ⇒ ② [27] ⇒ ⑤ (6-1-**2**-4-7-3-**5**-8)

▶原形のbeが主語に先行し，譲歩の副詞節を作る場合がある。この文は，No matter how humble it may be ..... とも書き換えることができる。everは強調の副詞。似たような表現に，be that as it may（それはともあれ）がある。

Lesson
09
その他

答27 Careful preparation **for a journey** will save **you** a lot of trouble.

[28] ⇒ ⑤ [29] ⇒ ② (4-1-**5**-7-6-**2**-3) 不要＝⑧ omit

▶冒頭の部分は，日本文では副詞的表現になっているが，英文では**無生物主語構文**となる。目的語を2つ取る第4文型のsaveを使う。**save A B**は「**AのBを省く**」という重要表現。preparationという名詞の後ろには前置詞forを置く。

答28 One cannot **practice** too intensively before **getting** a good result.

[30] ⇒ ② [31] ⇒ ① (6-5-**2**-X-8-3-1-4-7) 補足＝too

▶**cannot**や**never**という否定語の後ろに**too 形容詞［副詞］**や形容詞［副詞］**enough**を置くと「**どんなに…でも…過ぎない**」という意味になる。

□ **29** 君が心配してくれるのはありがたいけど，どんなに説得しても考えは変わらないよ。

I appreciate your concern, but no ____ 32 ____ ____ 33 ____ change my mind.

① will   ② make   ③ me   ④ of

⑤ persuasion   ⑥ amount

〔立教大（理）〕

□ **30** 虎は本能を頼りに獲物へと近づいた。

The tiger's ____ ____ 34 ____ ____ 35 ____ .

① closer   ② it   ③ its   ④ instincts

⑤ led   ⑥ prey   ⑦ to

〔立命館大（政策科）〕

答 29 I appreciate your concern, but no amount of persuasion will make me change my mind.

　32 ⇒ ④　33 ⇒ ②　(6-4-5-1-2-3)

▶日本文では「どんなに説得しても」という副詞的な表現になっているが, 英文では**無生物主語構文**にする。**no amount of ～ makes 人 V**は,「**どんなに～しても人にVさせることはできない**」という意味。**使役動詞make**は, **目的語＋原形不定詞**を取ることも確認する。

答 30 The tiger's instincts led it closer to its prey.

　34 ⇒ ②　35 ⇒ ③　(4-5-2-1-7-3-6)

▶「虎の本能がそれ［＝虎］をその獲物のより近くへ導いた」という文を作ればよい。leadはしばしばlead A to B (AをBへ導く)の形で使うが, to Bの位置に場所を表す副詞的要素を置くこともできる。

Lesson
09
その他

REVIEW

このレッスンでも, さまざまな表現が登場しましたね。一度問題で出会った表現はきちんと覚えておいて, 次に見たときに間違えずに答えられるようにしておきましょう。また, 覚えた表現は英語を話したり書いたりするときにも積極的に使い, 自分のものにしていきましょう。問題を解くため, というよりも, 英語を使いこなせるようになるために英文法を学習することが大切です。

動詞の語法

🔊 LV5 Lesson10

英文法を学ぶ際に，動詞の語法というのは非常に重要で，英語を話したり書いたりするときには，動詞の語法を頭の中で整理する力というのが必要となってくる。よくいわれるのが基本5文型というものだが，この基本5文型は文の形というよりは「動詞に5種類の使い方がある」ということである。注意すべき用法をここでまとめておく。

1 注意すべき第2文型の動詞

問 Despite all efforts, the problem still ⬚ .

① comes unsolved　　　② keeps unsolving

③ remains unsolved　　④ stands unsolving

〔関西学院大（理）〕

　選択肢には**第2文型**を取る動詞が並んでいる。第2文型の補語は主語を基準にして選ぶので，「問題は解決されない」という受動の関係を捉えれば，現在分詞の②④は除外できる。**come C**は通例「**良いことに転じる[なる]**」という意味なので，ここでは**remain C（Cのままである）**を使った③を選ぶ。

　答⇒③（訳：あらゆる努力にもかかわらず，問題はまだ解決されていない。）

● 注意すべき第2文型の表現 ●

☐ come true　　　　　　＝実現する

例 Dreams come true (if you don't give up).
　 S　　V　　C
（諦めなければ，夢は実現する。）

☐ fall asleep　　　　　　＝寝入る

例 I fell asleep (right after I had come home from snowboarding).
　 S V　C
（スノーボードから帰宅した直後に，私はすぐに寝てしまった。）

☐ go wrong　　　　　　　＝おかしくなる，故障する

例 Something went wrong (with the printer setting).
　 S　　　　 V　　 C
（プリンターの設定に何か問題が発生した。）

□ turn 色　　　　　　　　　　＝〜色に変わる

例 <u>Leaves</u> <u>turn</u> <u>yellow</u> (in the autumn).
　　 S　　 V　　 C
（秋には葉っぱが黄色に変わる。）

2 第5文型で用いる動詞

問　She seemed surprised at ⬚ me alone.
　① finding　　② looking　　③ taking　　④ watching
　　　　　　　　　　　　　　　　　　〔中央大（法−法）〕

　まず，空所の後ろに続く代名詞と形容詞の間に「私が1人である」という主語述語の関係，もしくは「私＝1人でいる」という関係があることに気がつかなければならない。このようなイコールで結ばれる2つの要素を後ろに取ることができるのは**第5文型**で使われる動詞で，選択肢の中には①しかない。第5文型を取る動詞はある程度数が絞られるので，練習を重ねながら定着させたい。

答⇒①（訳：私が1人でいるのを見て彼女は驚いたようだった。）

● 注意すべき第5文型の動詞 ●

□ drive O C　　　　　　　　　＝OをCに駆り立てる

例 <u>The continuous noise</u> <u>is driving</u> <u>me</u> <u>crazy</u>.
　　　　　 S　　　　　　　 V　　 O　 C
（続く騒音のせいで私は気が狂いそうだ。）

□ elect O C　　　　　　　　　＝OをCに選出する

例 <u>The members</u> <u>elected</u> <u>him</u> captain of the team.
　　　　 S　　　　 V　　 O　　　 C
（メンバーは彼をチームのキャプテンに選んだ。）

　第2文型では，補語Cは主語Sの説明をし，第5文型では補語Cは目的語Oの説明をする。この違いを理解したうえで，例文を繰り返し読んでそれぞれの動詞の語法を身に付けるとよいだろう。

3 注意すべき第４文型の動詞

> 問　When John wanted a new car, he had to save up for two years.
> ＝ It ⬚ John two years to save up to buy a new car.
>
> 〔法政大（経済）〈改〉〕

「～が V するのに時間がかかる」という場合には，it を主語にし，**第４文型を取る動詞 take を使って，it takes（人）時間 to V** とする。また，「～が V するのにお金がかかる」という場合には，**it costs（人）お金 to V** となることにも注意したい。save up は「貯金する」という意味の表現。

答 ⇒ took

　　（訳：新しい車が欲しかったとき，ジョンは２年間お金をためなければならなかった。

　　　　＝新しい車を買うお金をためるためにジョンは２年間費やした。）

● 注意すべき第４文型の動詞 ●

☐ **owe O_1 O_2**　　　　　　　＝ O_1 に O_2 を負う

例 <u>I</u> <u>owe</u> <u>him</u> <u>a dinner</u> because he helped me with the essay last week.
　 S　V　O_1　O_2
（彼が先週エッセイを書くのを手伝ってくれたので，私は彼に夕食をごちそうする義務がある。）

☐ **spare O_1 O_2**　　　　　　　＝ O_1 に O_2 を割く，O_1 の O_2 を省く

例 <u>The kind boy</u> <u>spared</u> <u>me</u> <u>a little time</u>.
　 　S　　　 V　 O_1　 O_2
（その親切な少年は少しの時間を私に割いてくれた。）

☐ **save O_1 O_2**　　　　　　　＝ O_1 の O_2 を省く

例 <u>Her assistance</u> <u>saved</u> <u>everyone</u> <u>a lot of work</u>.
　 　　S　　　 V　 O_1　 　O_2
（彼女の助けで，全員がたくさんの仕事を省くことができた。）

☐ **deny O_1 O_2**　　　　　　　＝ O_1 に O_2 を与えない

例 <u>She</u> <u>denied</u> <u>him</u> <u>the right to know the truth</u>.
　 S　V　O_1　　　 O_2
（彼女は彼に真実を知る権利を与えなかった。）

□ envy O_1 O_2 = O_1 の O_2 をうらやむ

例 He envies her the long vacation to Hawaii.
　　S　 V　　O_1　　　　　O_2

（彼は，彼女のハワイへの長い休暇をうらやましく思っている。）

4 多くの語法を持つ動詞

　それぞれの動詞は，一つの動詞に対して一つの使い方をすると決まっているわけではなく，意味によって形や使い方が決まっている。わかりやすいのがleaveの例だ。

● 動詞 leave のさまざまな語法 ●

□ leave for 〜 = 〜に向けて出発する（第1文型）

例 The team left (for the top of the mountain).
　　S　　　 V

（チームは山の頂上に向けて出発した。）

□ leave O = Oを去る（第3文型）

例 He left the office (an hour ago).
　　S　 V　　 O

（彼は1時間前にオフィスを出た。）

□ leave O_1 O_2 = O_1 に O_2 を残す（第4文型）

例 The old lady left her grandchild a lot of money.
　　S　　　　 V　　　O_1　　　　　　O_2

（そのおばあさんは孫にたくさんのお金を残した。）

□ leave O C = OをCの状態にしておく（第5文型）

例 She left the door open (for the next person).
　　S　 V　　 O　　 C

（彼女は次の人のためにドアを開けたままにした。）

　一つの動詞でもさまざまな使い方で使うことができるということを理解しておくことが，動詞に強くなるためには必須といえる。また，すべての動詞の語法を基本5文型に無理やり分類するよりも，個々の動詞の意味と語法を細かく覚えていくことが必要だ。

問 1：次の英文の空所に入れるのに最も適当なものを選べ。

☐ 1　The effort to define Japan's new role in the world inevitably ☐1☐ the questions of Japan's identity as a nation.

① raises　　　　　　　② rises

③ arises　　　　　　　④ brings

〔英検準 1 級〕

☐ 2　Mr. and Mrs. Hudson are always ☐2☐ with each other about money.

① discussing　　　　　② denouncing

③ arguing　　　　　　④ yelling

〔慶應義塾大（総合政策）〕

☐ 3　These flowers really smell ☐3☐ .

① sweet　　　　　　　② sweeten

③ sweetly　　　　　　④ sweetness

〔同志社大（文）〕

◆難 ☐ 4　A man who is absorbed in his work ☐4☐ animated.

① of a teacher　　　　② of God

③ got　　　　　　　　④ looks

〔早稲田大（理工）〕

頻出 ☐ 5　When I went to talk to the manager, he told me he could only ☐5☐ me ten minutes.

① provide　　　　　　② spare

③ hear　　　　　　　④ save

〔慶應義塾大（環境情報）〕

☐ 6　Would you please keep out of my affairs? I want to ☐6☐ .

① leave me alone　　　② leave myself alone

③ be left alone　　　　④ leave alone

〔南山大（外）〕

Answers

答1 世界での日本の新しい役割を決定しようと努めれば，必然的に日本の国家としての主体性の問題が持ち上がる。

⟦1⟧ ⇒① raises

きそ▶ 空所の後ろに目的語として the questions があるので，他動詞を選ぶ。②**rise**（**上がる**），③ arise（生じる）は自動詞。「問題を提起する」という意味を表すには，**他動詞の**① **raise** を使う。

答2 ハドソン夫妻はいつもお互いにお金のことで言い争っている。

⟦2⟧ ⇒③ arguing

▶ 空所の後ろに前置詞 with があることから，自動詞が入ることがわかる。① discuss（～を討議する），② denounce（～を非難する）は他動詞。④ yell は自動詞だが「大声をあげる」という意味。③ argue（口論する，議論する）は自動詞で，**argue with ～** で「**～と議論する**」という意味になる。

答3 これらの花は本当にいいにおいがする。

⟦3⟧ ⇒① sweet

⚠▶ smell（においがする）や taste（味がする）という動詞は，前置詞を必要とせず，**smell 形容詞**（…なにおいがする），**taste 形容詞**（…な味がする）という使い方をする。また，名詞を置く場合には，**smell of 名詞**（～のにおいがする），**taste of 名詞**（～の味がする）という形を取る。

答4 仕事に夢中になっている人は元気に見える。

⟦4⟧ ⇒④ looks

▶ **animated** は，「**活気に満ちた，快活な**」という意味の形容詞。who から work までが主語 A man の修飾部分で，animated を補語に取る第2文型の文だと推測する。**look 形容詞**で「…に見える」という意味。また，**look like 名詞**で「～に見える」という意味になる。

答5 私が話しに行ったとき，支配人は私に10分だけしか時間を割けないと言った。

⟦5⟧ ⇒② spare

▶ 空所の後ろに目的語が2つあるので，第4文型を取れる②④に絞る。save O₁ O₂（O₁ の O₂ を省く）では，文脈に合わない。**spare O₁ O₂** は「**O₁ に O₂ を割く**」という意味がある。

答6 私のことには関わらないで。独りにしてほしいの。

⟦6⟧ ⇒③ be left alone

▶ **leave ～ alone** は，「**～を独りきりにする**」という重要表現。私は独りにされる方だから，受動態の③を選ぶ。①②は「自分が自分を独りきりにする」という意味になり，相手にお願いしている文脈と合わない。

Lesson **10** 動詞の語法

□ **7** New cars today ☐ 7 ☐ 3,500 pounds on average, compared with 4,500 pounds seven years ago.

　① weight　　　　　　② weighed

　③ weigh　　　　　　④ are weighting　〔関西外語大 (外国語)〕

◆難 □ **8** Tom was ☐ 8 ☐ ten dollars for speeding.

　① permitted　　　　② fined

　③ given　　　　　　④ reported

〔桜美林大 (経)〕

□ **9** They ☐ 9 ☐ me 5000 yen for repairing my bicycle.

　① priced　　　　　　② cost

　③ spent　　　　　　④ charged

〔名古屋外語大 (外国語)〕

頻出 □ **10** Will this much food ☐ 10 ☐ for a week's camping?

　① do　　　　　　　② be ready

　③ enough　　　　　④ all right　〔早稲田大 (理工)〕

□ **11** This new model of car is so popular that they have had to open a new factory to ☐ 11 ☐ the demand.

　① beat　　　　　　② eat

　③ meet　　　　　　④ seat

〔慶應義塾大 (経)〕

□ **12** I will ☐ 12 ☐ an application to that firm for employment.

　① do　　　　　　　② make

　③ act　　　　　　　④ have

〔東京薬大 (男子)〕

Answers

答7 7年前は4,500ポンドだったが，今日新車は平均で3,500ポンドだ。

⟦7⟧ ⇒ ③ weigh

▶ **compared with[to] ～**（～と比較すると）は，前置詞句を作る。compared以下は修飾部分となり，空所にはNew carsを主語とする述語動詞が入ることがわかる。weight（重み）は名詞なので，①④は不可。todayがあるので現在形の③が正解。**weigh**（～の重さがある）は状態を表す動詞。

答8 トムはスピード違反で10ドルの罰金を科せられた。

⟦8⟧ ⇒ ② fined

▶ 文脈から「罰金を科せられる」となることを推測する。**fine**（罰金）という名詞は，動詞としても使うことができ，ここではfine O₁ O₂「O₁[人]にO₂[罰金]を課す」という第4文型の受動態となっている。① permit（許す），③ give（与える），④ report（報告する）。

答9 彼らは私の自転車を直すのに5千円請求した。

⟦9⟧ ⇒ ④ charged

▶ 人が人に対して金銭を請求する場合，chargeという動詞を使う。**charge O₁ O₂**で「O₁にO₂を請求する」という第4文型となる。① price（値段を付ける），② cost（〈物や行為に〉～の値段がかかる），③ spend（金銭を費やす）。

答10 これだけ食糧があれば，1週間キャンプしても大丈夫ですかね。

⟦10⟧ ⇒ ① do

▶ **do**は自動詞で「間に合う，役立つ，事足りる」などの意味を持つ。②は文法的には正しいが，まるで食糧自体がキャンプの準備をしているように聞こえるので，意味的に合わない。③④はbe動詞がないと使えない。

答11 この新しいモデルの車はとても人気があるので，彼らは需要に応えるために新しい工場を開かなければならなくなった。

⟦11⟧ ⇒ ③ meet

▶ **meet**は，meet the need（要求に応じる）というように，必要性を表す目的語を取ることができる。「需要に応じる」は，**meet the demand**と表す。① beat（打ち負かす），② eat（食べる），④ seat（座らせる）。

答12 私はあの会社に就職を申し込むつもりだ。

⟦12⟧ ⇒ ② make

▶「～に申し込む」は，**make an application to ～** という形を取る。make, have, giveなどの基本動詞は，動詞から派生した名詞と結び付いて動詞的な意味を表すことが多い。① do（行う），③ act（行動する），④ have（持っている）。

Lesson **10** 動詞の語法

179

☐ **13** He never ☐13☐ his personal problems to affect his performance.

  ① achieves   ② allows

  ③ gives   ④ lets

〔立教大（文）〈改〉〕

☐ **14** What ☐14☐ you to change your mind?

  ① had   ② let

  ③ caused   ④ thought

〔関西学院大（法）〕

☐ **15** The students in the Music Department ☐15☐ to play at least one musical instrument.

  ① enjoy   ② look forward

  ③ are devoted   ④ are expected

〔慶應義塾大（商）〕

頻出 ☐ **16** The boy was made to apologize ☐16☐ his bad language.

  ① his teacher for   ② to his teacher for

  ③ for his teacher on   ④ his teacher

〔英検準1級〕

☐ **17** We ☐17☐ the baseball game, but the other team was too strong.

  ① had hoped Keio University to win

  ② had hoped that Keio University would win

  ③ had liked for Keio University to win

  ④ had liked that Keio University win   〔慶應義塾大（経）〕

☐ **18** Drinking every night began to ☐18☐ on me.

  ① live   ② tell

  ③ speak   ④ keep

〔英検準1級〕

答13 彼は，決して自分の個人的な問題によって演技が影響されることはない。

[13] ⇒② allows

▶空所の後ろに目的語＋不定詞が続き，目的語と不定詞の間に意味的主述関係がある。この形を取るのは②だけで，**allow ～ to V** は「～が V するのを許す」という意味。let も allow と同じ意味で用いるが，目的語＋原形不定詞を取る。

答14 何が原因で気持ちが変わったのですか。

[14] ⇒③ caused

きそ ▶空所の後ろに目的語＋不定詞が続き，目的語と不定詞の間に意味的主述関係がある。このような場合に使えるのは③のみで，**cause ～ to V** は「～に V させる」という意味。①②は原形不定詞を取る。④は，think O to be C で「O が C だと思う」という意味になる。

答15 音楽科の生徒は少なくとも１つの楽器を演奏することが期待される。

[15] ⇒④ are expected

▶① enjoy は，動名詞を目的語に取る。②③はそれぞれ **look forward to Ving**（V するのを楽しみにする），**be devoted to Ving**（V することに没頭している）で，to＋動名詞を取る。正解は④。**be expected to V**（V すると予期される）で，不定詞を取る。能動態では，**expect ～ to V**（～が V するのを期待する）になる。

答16 その少年は汚い言葉遣いのことで先生に謝罪させられた。

[16] ⇒② to his teacher for

▶**apologize** は他動詞と間違えやすい自動詞。前置詞を直後に取り，**apologize to 人 for 物**（人に物のことで謝罪する）となる。

答17 私たちは慶應大学がその野球の試合に勝つことを願っていたが，相手チームは強すぎた。

[17] ⇒② had hoped that Keio University would win

▶**hope (that) S V**（S が V するのを望む），**hope to V**（V するのを望む），**hope for ～**（～を望む）は正しいが，×hope ～ to V × は誤り。like は **like ～ to V** で「～に V してほしい」という意味になるが，for や that 節を取ることはできない。

答18 毎晩飲んでいたので体にこたえ始めた。

[18] ⇒② tell

▶**live on ～**（～を糧にする，～を常食とする），**speak on ～**（～について話す），**keep on ～**（～を続ける）では意味が合わない。答えは② tell で，**tell on ～** は「～にこたえる，～に影響する」という意味。

Lesson 10 動詞の語法

難 □ 19 A group of politicians ⬚19 , and all of them resigned.

① were charged of getting involved in a scandal

② were charged of involving in a scandal

③ were charged with getting involved in a scandal

④ were charged with involving in a scandal

〔慶應義塾大（経）〕

難 □ 20 My sister asked ⬚20 .

① her boss two days off ② two off days boss

③ of her boss two off days ④ her boss for two days off

〔英検準1級〕

問2：次の英文の下線部のうち，誤った英語表現を含む番号を選べ。

□ 21 ①When it came dark ②Joe had second thoughts ③about his plan ④to climb the tree ⑤in the middle of the night.

誤り＝ ⬚21 〔早稲田大（法）〕

□ 22 When Doris and Nancy ①reached to New York City, they ②took a taxi directly to Aunt Eloise Drew's apartment house. ③They were welcomed with ④hugs and kisses.

誤り＝ ⬚22 〔慶應義塾大（総合政策）〈改〉〕

難 □ 23 He came back from ①a day's work ②all wet and ③told that it ④was raining outside.

誤り＝ ⬚23 〔早稲田大（人間科）〕

答19 ある政治家グループは，不祥事に関与したことで非難され，全員辞職した。

　　19 ⇒ ③ were charged with getting involved in a scandal

▶ **charge A with B**（AをBで非難する）という表現を受動態にすると，be charged with ～（～で非難される）となる。この形と **get involved in ～**（～に関与する）を正しく使っているのは③のみ。

答20 姉は上司に2日間の休暇を申し出た。

　　20 ⇒ ④ her boss for two days off

▶ days offは名詞句で「休日」を意味する。動詞askを使って「AにBを求める」という意味を表現すると，**ask A for B** となる。

答21 暗くなったとき，ジョーは真夜中にその木に登る計画を考え直した。

　　21 ⇒ ① When it came dark → When it became[got] dark

▶ 第2文型で「Cになる」の意味で使う動詞には，**become, turn, get, go, come** などがある。ただしこれらは常に交換可能なわけではなく，comeはcome true（実現する）のような特定の結び付きでしか使えない。「…になる」を表す最も一般的な動詞は，becomeである。

答22 ドリスとナンシーはニューヨークに着いて，タクシーで真っすぐ叔母のエロイズ・ドリューのアパートに行った。彼らは抱擁やキスで歓迎された。

　　22 ⇒ ① reached to → reached

きそ ▶ **reach**は「～に到着する」という意味で**他動詞**として使う。前置詞は取らないので，reached toをreachedにする。自動詞と間違えやすい他動詞には **discuss**（～を話し合う），**mention**（～に言及する）などがある。

答23 彼は1日の仕事を終え，すっかりぬれて帰って来て，外は雨が降っていると言った。

　　23 ⇒ ③ told → said

▶ tellを「教える，語る」という意味で使う場合，普通は人や物語を表す名詞を目的語とする。that節を続ける場合には，**tell 人 that S V**（人にSがVすると伝える）としなければならないので，that節を目的語にできるsayの過去形saidにする。

24 There ①<u>was once occurred</u> ②<u>widespread</u> flooding in ③<u>the</u> Middle East that could be the origin ④<u>of</u> the story of Noah's Ark.

誤り＝ [24]

〔東洋大（文）〕

25 The book was ①<u>so long</u> that ②<u>I wondered that</u> I would ③<u>be able</u> to ④<u>get through</u> all of it.

誤り＝ [25]

〔明治大（政経）〕

問3：日本文に合う英文になるように選択肢の語を並べ替え，空所に入るものを選べ。

頻出 26 休暇は彼女の健康にとても効果があるようだ。

The holidays ＿＿＿ ＿＿＿ [26] ＿＿＿ ＿＿＿ [27] ＿＿＿

＿＿＿ .

① be ② doing ③ good ④ health
⑤ her ⑥ much ⑦ seem ⑧ to

〔龍谷大（文・経営・理工・社）〕

27 その家からは町の全景が見渡せます。

＿＿＿ [28] ＿＿＿ ＿＿＿ [29] ＿＿＿ .

① whole ② the ③ commands ④ town
⑤ house ⑥ the

〔別府大〕

28 さまざまなグループが，日本の将来のために合意ができないのはどうしてか。

What ＿＿＿ ＿＿＿ [30] ＿＿＿ ＿＿＿ [31] ＿＿＿ ＿＿＿ ?

① for ② various groups
③ from ④ Japan's future
⑤ an agreement ⑥ the sake of
⑦ reaching ⑧ prevents

〔武蔵工大（機械・電通工）〕

答24 かつて中東で，ノアの箱舟の物語の起源とも考えられる広範囲にわたる洪水が起こった。

  $\boxed{24}$ ⇒① was once occurred → once occurred

  ▶存在や生起を表す文は，**there 動詞 主語**の形で表現することができる。この文は Widespread flooding once occurred in the Middle East ..... と同じ意味であり，occurは「起きる」という自動詞だから受動態にはできない。

答25 その本はとても長かったので，全部読み通すことができるだろうかと私は思った。

  $\boxed{25}$ ⇒② I wondered that → I wondered if[whether]

  ▶「‥‥かしらと思う」は，**wonder**の後に**疑問詞**または**if[whether]**で始まる節を置いて表す。この場合のif[whether]は，「‥‥かどうか」という意味の名詞節を作る。

答26 The holidays seem to be doing her health much good.

  $\boxed{26}$ ⇒① $\boxed{27}$ ⇒④ （7-8-1-2-5-**4**-6-3）

  ▶**seem to V**は，「**V**するように思える」という意味。ここでは進行形の意味合いを出すために，seem to be Ving となっている。また，doという動詞は第4文型を取り，do O_1 O_2（O_1 に O_2 をもたらす）で使う。不可算名詞good（利益，価値）が，doの2番目の目的語となっている。

Lesson
10
動詞の語法

答27 The house commands the whole town.

  $\boxed{28}$ ⇒⑤ $\boxed{29}$ ⇒① （2[6]-**5**-3-6[2]-**1**-4）

  ⚠ ▶**command**は**他動詞**として使われた場合，「**命令する**」に加えて「**（景色）を見渡す**」という意味がある。また，**command**が**名詞**で使われた場合は，「**使いこなす能力，運用能力**」という意味になる。

答28 What prevents various groups **from** reaching an agreement **for** the sake of Japan's future?

  $\boxed{30}$ ⇒③ $\boxed{31}$ ⇒① （8-2-**3**-7-5-**1**-6-4）

  ▶**prevent ～ from V**ing（～が**V**するのを妨げる）を用いた**無生物主語構文**。直訳すると，「何がさまざまなグループが日本の将来のために合意することを妨げているのか」となるが，主語の部分を副詞的に「どうして」と訳す。また，**for the sake of ～** は「～の利益のために」という重要熟語。reach an agreementは「合意に達する」。

☐ **29** 彼女にそれを手伝ってもらわねばならない。(1語不要)

I have ____ ____ 32 ____ ____ 33 ____ .

① ask ② have ③ help ④ her

⑤ it ⑥ me ⑦ to ⑧ with

〔東京理大(理−数・物・化)〕

☐ **30** 彼女を説得して家出を思いとどまらせた。

I ____ 34 ____ ____ 35 ____ home.

① of ② running away ③ her ④ from

⑤ out ⑥ talked

〔中京大(法)〕

答29 I have to have **her** help me **with** it.

⬛32⬛ ⇒④ ⬛33⬛ ⇒⑧ （7-2-**4**-3-6-**8**-5）　不要＝① ask

▶ **have** は**使役動詞**として，直後に**目的語＋原形不定詞**を取り，「〜にVさせる，〜にVしてもらう」という意味で使うことができる。また，**help A with B** で「**A**の**B**を助ける」という意味になる。

答30 I talked **her** out of **running away** from home.

⬛34⬛ ⇒③ ⬛35⬛ ⇒② （6-**3**-5-1-**2**-4）

▶ **talk 〜 out of** Ving で「**〜を説得してVするのをやめさせる**」の意味。反対の意味を表す表現は，**talk 〜 into** Ving（**〜を説得してVさせる**）。「家出する」は run away from home という。

Lesson

10

動詞の語法

REVIEW

最後のレッスンまで，お疲れさまでした！　英語の学習では，音を使って口に出して練習するのが上達のコツです。繰り返しになりますが，問題を解いて満足してしまうのではなく，本書で出会った例文を何度も声に出して練習することで英文法事項を身に付けていきましょう。付属の動画もドンドン活用してくださいね。

■第1問　次の空所に入れるのに最も適当なものを選べ。

問1　The blossoms will be out 1 a few days.
　　① of　　　　　② in　　　　　③ to　　　　　④ with

問2　When the doctor gave the medicine to the patient, he was not
　　completely sure of the 2 it might have.
　　① affect　　　② effect　　　③ infect　　　④ perfect

問3　Where in Australia 3 ?
　　① did you grow up　　　　　② did you raise up
　　③ were you grown up　　　　④ were you risen up

問4　What 4 the American university system unique?
　　① is　　　　　② says　　　　③ does　　　　④ makes

問5　Let's discuss the matter 5 a drink.
　　① over　　　　② for　　　　　③ by　　　　　④ besides

問6　Was 6 Jack that sent me the book?
　　① he　　　　　② it　　　　　③ who　　　　④ him

問7　I 7 Mary some money and must pay her back by next Monday.
　　① borrowed　　② loaned　　　③ owe　　　　④ lend

問8　So terrible was the storm 8 the whole roof was blown off.
　　① which　　　② that　　　　③ as　　　　　④ until

問9　Three of my friends, 9 me, were admitted to the bar.
　　① along　　　② besides　　　③ save for　　④ beside

問10　Hanako hardly ever goes out any more, even with friends, 10
　　she's married and has two kids.
　　① as soon as　　　　　　② unless
　　③ now that　　　　　　　④ in case

問11 You have to pay a ☐11☐ if you do not return your library books on time.
① fine   ② tax   ③ fee   ④ fare

問12 I am having trouble with one thing after ☐12☐ .
① another   ② other
③ others   ④ the others

問13 It's nice if the girl can have ☐13☐ .
① a room of herself   ② a room of her own
③ her only of room   ④ own her room

問14 Computers ☐14☐ us a lot of time and trouble.
① find   ② make
③ save   ④ take

問15 Don't touch the vase; ☐15☐ it as it is.
① bend   ② hit
③ leave   ④ let

問16 ☐16☐

Read the ①<u>instructions</u>, give ②<u>all informations</u> ③<u>requested</u>, and cut along the dotted line with ④<u>scissors</u>.

問17 ☐17☐

The jails are ①<u>so</u> ②<u>crowded</u> that the police ③<u>does</u> not arrest people ④<u>for</u> minor offenses.

■第3問　下の選択肢を並べ替えて英文を完成させ，空所に入る番号を答えよ。

問18 I hope ＿＿＿ ＿＿＿ ＿＿＿ ☐18☐ ＿＿＿ ＿＿＿ ＿＿＿ your mind.

① arguments ② change ③ induce ④ my

⑤ to ⑥ will ⑦ you

問19 What ＿＿＿ ＿＿＿ ☐19☐ ＿＿＿ ＿＿＿ the best of what you are given.

① is ② matters ③ most ④ to

⑤ make

問20 ＿＿＿ ＿＿＿ ＿＿＿ ☐20☐ ＿＿＿ ＿＿＿ give up studying abroad.

① death ② me ③ my father's ④ caused

⑤ sudden ⑥ to

解答用紙

第1問	問1	問2	問3	問4	問5
	問6	問7	問8	問9	問10
	問11	問12	問13	問14	問15
第2問	問16	問17			
第3問	問18	問19	問20		

07-10 中間テスト③ 解答

ADVICE

　このレベルになると単語の多角的な捉え方や，意味の盲点を試す問題も出てくる。当たり前だが，辞書を使いこなして，自然な形で語彙を吸収することが，一番の近道だ。名詞・代名詞を理解するには冠詞のaとtheも大切なので，今一度確認してほしい。前置詞・接続詞も，普段から着実に使えるものを増やしていくことが重要。強調構文や無生物主語構文はただ知っているだけでなく，いろいろと変形しても見抜けるように。

解説

■第1問

問1：inは現在からの時間の経過を表す。

問2：affect「影響する」，effect「結果，影響，効果」，infect「感染させる」，perfect「完璧な」。

問3：grow up「成長する」。raise（〜を育てる）は他動詞。

問4：make O C「OをCにする」。

問5：over「〜しながら」。

問6：強調構文の疑問文。

問7：owe O_1 O_2「O_1にO_2を借りている」。

問8：so ... that S V「とても…なのでSはVする」。主文はthe storm was so terribleのso terribleが倒置で前に出た形。

問9：besides「〜に加えて」。

問10：now that S V「今やSはVするのだから」。

問11：fine「罰金」，tax「税」，fee「専門サービス料」，fare「運賃」。

問12：one 〜 after another「ある〜からまたある〜へと」。

問13：〜 of one's own「自分自身の〜」。

問14：save O_1 O_2「O_1のO_2を省く」。

問15：leave 〜 as it is「〜をそのままにしておく」。〜が複数の場合にはleave 〜 as they areとする。

問 16：information は不可算名詞。informations を information にする。

問 17：the police (警察) は複数扱いの集合名詞。does を do にする。

■第3問

問 18：「4-1-6-**3**-7-5-2」が正解。「I hope my arguments will **induce** you to change your mind. (私の説得で，あなたが考えを変えてくれればいいのだが。)」。induce 〜 to V「〜を V する気にさせる」。

問 19：「2-3-**1**-4-5」が正解。「What matters most **is** to make the best of what you are given. (与えられたものを最大限に生かすことが一番大事である。)」。matter「重要である」，make the best of 〜「〜を (せいぜい) 最大限に利用する」。

問 20：「3-5-1-**4**-2-6」が正解。「My father's sudden death **caused** me to give up studying abroad. (父の突然の死で，私は留学を諦めた。)」。cause 〜 to V「〜に V させる」。

Lesson
10
中間テスト③ 解答

解答

第1問	問1	②	問2	②	問3	①	問4	④	問5	①
	問6	②	問7	③	問8	②	問9	②	問10	③
	問11	①	問12	①	問13	②	問14	③	問15	③
第2問	問16	②	問17	③						
第3問	問18	③	問19	①	問20	④				

SCORE	1st TRY	2nd TRY	3rd TRY	CHECK YOUR LEVEL	
	/20点	/20点	/20点	▶ 0 〜 12 点 ➡ *Work harder!* ▶ 13 〜 16 点 ➡ *OK!* ▶ 17 〜 20 点 ➡ *Way to go!*	

口語表現 レベル⑤

☐1	Thank you for the compliment.	おほめにあずかりましてどうも。
☐2	I'm much obliged to you for your advice.	あなたの助言に感謝します。
☐3	Please forgive me for what I have done.	私の無礼をお許しください。
☐4	May I ask you a favor?	お願いがあるのですが。
☐5	Could you spare me a minute?	少しお時間いただけますか。
☐6	Is it all right for me to use your room?	あなたの部屋を使ってもよろしいですか。
☐7	Let me know the details.	詳細を教えてください。
☐8	Would you be so kind enough to switch the light on?	電気をつけていただけますか。
☐9	Feel free to come any time.	いつでもいらしてください。
☐10	I'd appreciate it if you'd stay with me.	一緒にいてくれたらありがたいのですが。
☐11	See to it that she does her work properly.	彼女がきちんと働くよう見張っていてください。
☐12	Mind you come on time.	必ず定刻に来てね。
☐13	Please help yourself to some bread.	パンをご自由にお食べください。
☐14	Let's take a chance.	一か八かやってみよう。
☐15	How does that suit you?	ご都合はいかがですか。
☐16	I offer you my deepest sympathy.	心からお悔やみ申し上げます。
☐17	I didn't mean that.	そんなつもりじゃなかったの。
☐18	I've had enough of your boasting.	もう君の自慢話はうんざりだ。
☐19	He's on another phone now.	彼は今別の電話に出ています。
☐20	I'm sorry I dialed the wrong number.	電話番号を間違えてすみません。
☐21	I've got to hang up now.	もう電話を切らなくてはなりません。
☐22	Would you put me through to the president?	社長につないでいただけますか。
☐23	You can reach my secretary at this number.	この電話番号で私の秘書に連絡できます。
☐24	I'd like to make a long-distance call to New York.	ニューヨークに国際電話をかけたいのですが。
☐25	How much do I owe you?	いくら支払えばいいのですか。
☐26	A hundred yen will do.	100円で間に合います。
☐27	Do you accept credit cards?	クレジットカードは使えますか。
☐28	Let's go Dutch. =Let's split the bill.	割り勘でいこう。
☐29	I'll buy you a lunch.	お昼をおごるよ。
☐30	This is on me.	これは僕が払うよ。
☐31	I wonder if I can get a refund for this.	これを払い戻していただけますか。
☐32	I know my way around here.	この辺はよく知っています。
☐33	I am a stranger here.	この辺は不案内です。

☐34	Tokyo Station is about a ten minutes' walk from here.	東京駅はここから歩いて10分くらいです。
☐35	How many times do I have to change trains to get there?	そこまで何回電車を乗り換えなくてはいけないのですか。
☐36	What's the round trip fare to Okinawa?	沖縄までの往復運賃はいくらですか？
☐37	How often do the buses run?	バスはどれくらいの間隔で走っていますか？
☐38	Would you please give me a ride to my house?	自宅まで車で送ってくれる？
☐39	You look pale.	君，顔色が悪いよ。
☐40	I have a headache.	私は頭痛がする。
☐41	I don't have any appetite.	私は食欲が全然ない。
☐42	I think you should see a doctor.	医者に行った方がいいよ。
☐43	I can't get rid of my ex-boyfriend.	私は元の彼氏となかなか離れられない。
☐44	Take care of yourself.	体に気をつけて。
☐45	You are putting the cart before the horse.	あなたは本末転倒しています。
☐46	I can't make head or tail of it.	私はそのことが全然わかりません。
☐47	They'll get the better of you if you aren't careful.	気をつけないと彼らに出し抜かれますよ。
☐48	The chances are that he hasn't heard the news yet.	ひょっとしたら彼はまだニュースを聞いていないかもしれない。
☐49	There you go again!	ほら，また始まった。
☐50	I'm afraid I'm gaining weight.	体重が増えているみたいだ。
☐51	Watch your language.	言葉遣いに気をつけなさい。
☐52	That depends.	それは場合によりけりだ。
☐53	Please don't bother.	どうぞおかまいなく。
☐54	You can say that again.	君の言う通りです。
☐55	It's on the tip of my tongue.	のどまで出かかっているんですけど思い出せません。
☐56	Keep off the yard.	庭に入らないでください。
☐57	How come you are so dressed up?	なぜそんなにおしゃれしているのですか。
☐58	It can't be helped. =I can't help it.	仕方がないよ。
☐59	You took the words out of my mouth.	私も今言おうと思っていたのです。
☐60	How are you getting along with your new boyfriend?	新しい彼氏とはうまくいってるかい？
☐61	How are you coming along with your assignment?	宿題ははかどってますか？
☐62	It's all Greek to me.	それは私にはちんぷんかんぷんだ。
☐63	There is no time to lose.	ぐずぐずしている暇はない。
☐64	What time shall we make it?	何時にしましょうか。
☐65	So much for today's work.	今日の仕事はここまで。
☐66	(God) bless you!	神の恩寵がありますように！
		（くしゃみをした人に向かっても使う）

口語表現レベル⑤

単語・熟語リスト

▶ 本書の例題・例文・問題に登場した
重要な単語・熟語をチェック！

▼ **Lesson 01　準動詞**

p.14-15

☐ species	（名）	種
☐ forest	（名）	森
☐ edge	（名）	端
☐ stream	（名）	小川, 流れ
☐ develop	（動）	発達させる, 開発する
☐ society	（名）	社会, 共同体

p.16

☐ raise	（動）	～を上げる
☐ expectation	（名）	期待
☐ ..... only to V	（構）	‥‥‥そして結局Vする
☐ disappoint	（動）	（期待などを）裏切る
☐ whether S V or not	（構）	名詞節：SがVするかどうか
		副詞節：SがVしよ
		うとすまいと
☐ be yet to V	（熟）	まだVしていない
= have yet to V		
☐ pavilion	（名）	展示館
☐ due to ～	（熟）	～のため
☐ strike	（名）	ストライキ
☐ be to V	（構）	Vするつもりである
		（予定, 意志）,
		Vできる（可能）,
		Vする宿命にある（運命）,
		Vするべきである（義務）
☐ warn A of B	（熟）	AにBを警告する
☐ willingly	（副）	喜んで
☐ let ～ V	（構）	～にVさせてやる（許可）,
		させておく（放任）
☐ forefather	（名）	先祖
☐ decay	（名）	腐敗, 腐朽

p.18

☐ exhaust	（動）	疲れさせる
☐ a number of ～	（熟）	たくさんの～
☐ disease	（名）	病気
☐ nutrition	（名）	栄養
☐ connect A with B	（熟）	AをBに関連づける
☐ bore	（動）	退屈させる
☐ stop Ving	（動）	Vするのをやめる
☐ important	（形）	大切な
☐ lesson	（名）	教訓
☐ whatever S (may) V	（構）	どんなにSがVしようとも
☐ bear ～ in mind	（熟）	～を心に留める
☐ depend on ～	（熟）	～次第である
☐ attitude	（名）	態度, 気持ち

p.20

☐ significant	（形）	重要な
☐ bring about ～	（熟）	～を引き起こす
☐ occur	（動）	起こる

☐ ordeal	（名）	厳しい試練
☐ democracy	（名）	民主主義
☐ prove	（動）	証明する
☐ miss Ving	（動）	Vしそこなう
☐ something is wrong with ～		
	（熟）	～はどこかおかしい
☐ afraid	（形）	恐れて, 懸念して
☐ need Ving	（動）	Vされる必要がある
= need to be Vpp		
= want Ving		
☐ deserve Ving	（動）	Vされる価値がある
= deserve to be Vpp		
☐ object to Ving	（熟）	Vすることに反対する
☐ bitterly	（副）	ひどく
☐ regret Ving	（動）	Vしたことを後悔する
☐ regret to V	（熟）	残念ながらVする

p.22

☐ enjoy Ving	（動）	Vすることを楽しむ
☐ remember Ving	（動）	Vしたのを覚えている
☐ remember to V	（熟）	忘れずにVする
☐ mind Ving	（動）	Vすることを気にする
☐ let 人 know	（熟）	人に知らせる
☐ get used to Ving	（熟）	Vするのに慣れる
☐ depending on ～	（熟）	～次第で

p.24

☐ occasionally	（副）	ときどき
☐ starve to death	（熟）	餓死する
☐ stuff	（動）	～を詰め込む
☐ cupboard	（名）	戸棚
☐ it takes (人) 時間 to V	（熟）	～がVするのに時間がかかる
☐ it costs (人) 金 to V	（熟）	～がVするのにお金がかかる
☐ cover	（動）	賄う
☐ necessary	（形）	必要な
☐ expense	（名）	出費
☐ result	（名）	結果
☐ remain to be Vpp	（熟）	まだVされないでいる

p.26

☐ lost in thought	（熟）	考えにふけりながら
☐ find oneself Ving	（動）	自分自身がVしている
		のに気づく
☐ find O C	（動）	OがCだと気づく
☐ avoid Ving	（動）	Vすることを避ける
☐ argue with ～	（熟）	～と議論する

▼ **Lesson 02　比較**

p.28-29

☐ fine	（形）	素晴らしい （動）罰金を科す
☐ means	（名）	手段, 目的
☐ communication	（名）	意思伝達, コミュニケーション
☐ delightful	（形）	楽しい
☐ treatment	（名）	治療

p.30-31		
tutor	(名)	家庭教師
failure	(名)	失敗

p.32		
save	(動)	貯金する
as ... as possible = as ... as ～ can	(熟)	(～に) できるだけ…
as ... as any ～	(熟)	他のどんな～よりも劣らず…
population	(名)	人口
as many as 可算名詞 as much as 不可算名詞	(熟)	～も
no less than ～ = as much[many] as ～	(熟)	～も
square	(名)	平方
倍数 as ... as ～	(構)	～の□倍…
twice	(名)	2倍
□ times	(名)	□倍

p.34		
health	(名)	健康
precious	(形)	貴重な
the number of ～	(熟)	～の数
attend	(動)	出席する
expect	(動)	予期する
none the 比較級 for ～	(熟)	～があっても少しも…ない
none the less for ～	(熟)	～にもかかわらず
fault	(名)	欠点, 責任
object	(名)	物体, 対象, 目的
up to ～	(熟)	～まで
no more than ～ = only ～	(熟)	～しか
of	(前)	～の中で
one of the 最上級 複数名詞	(熟)	最も……な～の1つ

p.36		
the 比較級 S₁ V₁, the 比較級 S₂ V₂	(構)	…であればあるほど…である
prepare	(動)	準備する
weather	(名)	天気
all the 比較級 for ～ [because S V]	(熟)	～なので [SがVするので] ますます…
be able to V	(熟)	Vできる
no more ..... than ～	(熟)	～と同様に……ない
no less ..... than ～	(熟)	～と同様に……

p.38		
more of A than B	(熟)	BよりもAである, BというよりむしろA
facility	(名)	設備
old	(形)	古い
if not	(熟)	たとえ……でないにしても
participate in ～	(熟)	～に参加する
project	(名)	計画
situation	(名)	状況
immediately	(副)	すぐに
company	(名)	会社, 企業

condition	(名)	状態
dominate	(動)	支配する
literary	(形)	文学の

p.40		
globe	(名)	地球儀
claim	(動)	主張する
at least	(熟)	少なくとも
extinction	(名)	絶滅
brain	(名)	頭脳, 知性
not so much A as B	(熟)	AというよりむしろB
talent	(名)	才能
effort	(名)	努力

p.42		
remain	(動)	残る
vividly	(副)	鮮やかに
impression	(名)	印象
receive	(動)	受け取る
in one's youth	(熟)	若い頃に
alcoholic	(名)	アルコール中毒の人

▼ Lesson 03　関係詞

p.46-47		
local	(形)	地元の
conductor	(名)	指揮者
in one's opinion	(熟)	～の考えでは
international	(形)	国際的な
reputation	(名)	名声, 評判
be apt to V	(熟)	Vしがちである
be wasteful of ～	(熟)	～を浪費する
belief	(名)	信念, 信条
individual	(形)	個々の, (名) 個人
matter	(動)	重要である
	(名)	物質, 問題, 事柄

p.48		
spot	(名)	しみ
strike	(動)	ぶつかる
where S V	(構)	SがVする場所
decide to V	(熟)	Vすると決める
revenge oneself on ～	(熟)	～に復讐する
design	(動)	設計する
famous	(形)	有名な
architect	(名)	建築家
recycling	(名)	再生利用, リサイクル
process	(名)	過程
material	(名)	材料, 物質
at the foot of ～	(熟)	～の麓に
deserted	(形)	寂れた
coward	(名)	臆病者

p.50		
maintain	(動)	主張する
moral	(形)	道徳の
code	(名)	規約
community	(名)	共同体
whatever	(構)	名詞節：……なものは何でも
	(構)	副詞節：何を……しようとも

付録　単語・熟語リスト

☐ it is ... that S V	（構）SがVするのは…だ
☐ be supposed to V	（熟）Vすることになっている
☐ quantity	（名）量
☐ sight	（名）視力, 視界, 光景
☐ destroy	（動）破壊する
☐ what little 不可算名詞 S V φ	
☐ what few 可算名詞 S V φ	
	（熟）SがVするありったけの〜
☐ appetite	（名）食欲
☐ language	（名）言語
☐ choice	（名）選択
☐ express oneself in〜	（熟）〜（言語など）で自分を表現する

p.52

☐ what	（構）・・・・・なこと, もの
= the thing(s) which	
☐ impress	（動）感動させる
☐ museum	（名）博物館, 美術館
☐ probably	（副）たぶん
☐ what 〜 was	（熟）昔の〜
= what 〜 used to be	
☐ what 〜 is	（熟）今の〜
☐ decline	（動）衰える
☐ gradually	（副）徐々に
☐ what is worse	（熟）さらに悪いことには
☐ what is better	（熟）さらによいことには
☐ be available to 〜	（熟）〜が利用できる
☐ whoever V	（構）Vする人は誰でも
= anyone who V	
☐ whomever S V φ	（構）SがVする人は誰でも
= anyone whom S V φ	
☐ muscle	（名）筋肉
☐ tone	（名）調子, 正常な状態
☐ policy	（名）政策
☐ the same	（形）同じ
☐ whichever 〜	（構）どちらの〜が・・・・・でも
☐ party	（名）政党
☐ power	（名）権力

p.54

☐ believe	（動）信じる
☐ insult	（動）侮辱する
☐ spend	（動）費やす, 過ごす
☐ inhabitant	（名）住人
☐ talk over 〜 with A	（熟）Aと〜を相談する
☐ equip	（動）備える
☐ deal with 〜	（熟）〜を扱う
☐ invent	（動）発明する
☐ instead of 〜	（熟）〜の代わりに
☐ fuel	（名）燃料

p.56

☐ ache for 〜	（熟）〜を恋しがる
☐ affect	（動）〜に影響する
☐ prove (to be) C	（動）Cだとわかる, 判明する
☐ accomplishment	（名）遂行, 業績

p.58

☐ regrettable	（形）残念な
☐ those who V	（熟）Vする人々
☐ consider O (to be) C	（動）OをCだと思う
☐ the way S V	（構）SがVする方法
= how S V	
= the way in which S V	
= the way that S V	
☐ spread	（動）広げる
☐ tend to V	（熟）Vする傾向がある
☐ discriminate against 〜	（熟）〜を差別する

▼ 中間テスト① (Lesson 01-03)

p.60-61

☐ proportion	（名）割合
☐ origin	（名）起源
☐ intonation	（名）イントネーション, 抑揚
☐ course	（名）講座, 過程
☐ accurately	（副）正確に
☐ discreet	（形）思慮分別のある
☐ well behaved	（形）行儀のよい
☐ would rather V₁ (than V₂)	（構）（V₂するよりも）
	むしろ V₁ したい
☐ 〜 of one's own	（熟）自分自身の〜
☐ such being the case	（構）そういう事情なので
☐ conference	（名）会議
☐ postpone	（動）延期する
☐ later	（形）後の
☐ date	（名）日付
☐ count	（動）重要である
☐ bright	（形）利口な
☐ accident	（名）事故
☐ direct	（動）指示する, 向ける
☐ insist on Ving	（熟）Vするのを主張する
☐ dish	（名）皿
☐ deceive	（動）だます, 裏切る

p.62-63

☐ novelist	（名）小説家
☐ ability	（名）能力
☐ acute	（形）鋭い
☐ observation	（名）観察, 意見
☐ responsibility	（名）責任
☐ society	（名）社会
☐ resent	（動）憤慨する
☐ elder	（名）年配者
☐ patience	（名）忍耐
☐ personality	（名）個性, 有名人

▼ Lesson 04　仮定法

p.68-69

☐ in one's absence	（熟）〜がいないときに [ところで]
☐ ask A for B	（熟）AにBを求める

p.70-71

☐ development	（名）発展, 開発
☐ council	（名）地方議会, 会議
☐ propose	（動）提案する

p.72

☐ check	(動)	調べる
☐ report	(名)	報告書, レポート
☐ follow	(動)	従う
☐ call up	(熟)	電話する
☐ I wish S would V	(構)	SがVすればなあ
☐ tired	(形)	疲れた
☐ otherwise	(副)	さもなければ, その他の点で, 別の方法で (形) 別の

p.74

☐ demand	(動)	要求する, (名) 需要
☐ in one's presence	(熟)	～の目の前で
☐ see ～ off	(熟)	～を見送る
☐ leave	(動)	出発する
☐ as if[though]	(構)	‥‥‥ かのように
☐ in fact	(熟)	実際は
☐ practice	(動)	練習する, 実践する
☐ government	(名)	政府

p.76

☐ invite	(動)	招待する
☐ out of ～	(熟)	～から
☐ rustle	(動)	サラサラ [カサカサ] 音を立てる
☐ I wish S Vp	(構)	SがVすればいいなあ
☐ I wish S had Vpp	(構)	SがVしていたらよかったなあ
☐ insist	(動)	主張する
☐ patient	(名)	患者
☐ plenty of ～	(熟)	たくさんの～
☐ manual	(名)	手引き書
☐ available	(形)	利用できる, 手に入る, (席などが) 空いている

p.78

☐ order	(動)	命令する
☐ household	(形)	家族の, 家庭の
☐ reduce	(動)	減らす
☐ apparent	(形)	明らかな
☐ medical	(形)	医療の
☐ attention	(名)	注意, 手当
☐ millionaire	(名)	百万長者, 大富豪
☐ dislike	(動)	嫌う
☐ university	(名)	大学
☐ recommend	(動)	推薦する, 奨励する
☐ accept	(動)	受け入れる, 引き受ける
☐ responsibility for ～	(熟)	～の責任
☐ clean up	(熟)	きれいに掃除する
☐ match	(名)	試合
☐ vivid	(形)	鮮明な
☐ account	(名)	説明

p.80

☐ appreciate	(動)	感謝する
☐ but for ～	(構)	もし～がないならば
= without ～		[なかったならば]
☐ bring ～ to light	(熟)	～を明るみに出す
☐ close	(形)	綿密な

☐ examination	(名)	調査
☐ reveal	(動)	明らかにする

p.82

☐ happen	(動)	起こる

▼ Lesson 05 否定

p.86-87

☐ fact	(名)	事実

p.88

☐ complain about[of] ～	(熟)	～の不平を言う
☐ a few 可算名詞	(形)	少しの [2, 3の] ～
a little 不可算名詞		
☐ few 可算名詞	(形)	ほとんど～ない
little 不可算名詞		
☐ have something to do with ～	(熟)	～と関係がある
☐ have nothing to do with ～	(熟)	～と関係がない
☐ no = not ..... any	(構)	何も ‥‥‥ ない
☐ not necessarily	(構)	必ずしも……というわけではない
☐ cannot help Ving	(熟)	Vせざるをえない
☐ the naked eye	(名)	裸眼, 肉眼
☐ blind	(形)	目の不自由な
☐ deaf	(形)	耳の不自由な
☐ vast	(形)	広大な, 多大の
☐ majority	(名)	大多数
☐ not ..... either	(構)	どちらも ‥‥‥ ない
= neither		
☐ category	(名)	範疇

p.90

☐ scarcely ..... = hardly	(副)	ほとんど ‥‥‥ ない
☐ nature	(名)	自然
☐ not every 単数名詞	(構)	すべての～が ‥‥‥ というわけではない
☐ not ..... both	(構)	両方とも ‥‥‥ というわけではない
☐ require	(動)	要求する
☐ obtain	(動)	得る
☐ visa	(名)	ビザ
☐ 否定文, either	(構)	～もまた ‥‥‥ しない
= neither[nor] + be動詞[助動詞] + 主語		
☐ not ..... at all	(構)	全く ‥‥‥ ない
☐ not ..... all	(構)	すべてが ‥‥‥ というわけではない
☐ degree	(構)	程度, 度, 学位

p.92

☐ commit suicide	(熟)	自殺する
☐ only	(副)	‥‥‥ になってようやく
☐ not only V₁ S₁ but (also) S₂ V₂	(構)	S₁ が V₁ するばかりでなく, S₂ も V₂ する
☐ not until ～ V S	(構)	～になって初めてSはVする
☐ appreciate	(動)	～の価値を認める, ～をありがたく思う

☐	sort	（名）種類	
☐	sympathetically	（副）同情して	
☐	personal	（形）個人の	
☐	crisis	（名）危機	

p.94

☐	regain	（動）取り戻す, 回復する	
☐	research	（名）調査, 研究	
☐	staff	（名）職員, スタッフ	
☐	discover	（動）発見する	
☐	form	（名）形	
☐	Hardly[Scarcely] had S₁ V₁pp when[before] S₂ V₂p		
	= No sooner had S₁	（構）S₁ が V₁ するとすぐに	
	V₁pp than S₂ V₂p	S₂ は V₂ した	
☐	realize	（動）気づく, わかる, 実現する	
☐	office	（名）事務所	
☐	wallet	（名）財布	

p.96

☐	but S V	（接）S が V することなしに	

p.98

☐	seldom ..... = rarely	（副）めったに ‥‥‥ ない	
☐	do one's best	（熟）最善を尽くす	
☐	be forced to V	（熟）V しなければならない	
☐	as is often the case with ～	（熟）～にはよくあることだが	
☐	cannot V₁ without V₂ing	（構）V₁ すれば必ず V₂ する	
☐	revise	（動）改訂する, 修正する	

▼ Lesson 06　形容詞・副詞

p.100-101

☐	struggle	（動）奮闘する	

p.102-103

☐	scholarship	（名）奨学金	
☐	restrict	（動）制限する	
☐	jewel	（名）宝石	

p.104

☐	nowadays	（副）近頃	
☐	salary	（名）給料	
☐	toward	（前）～に向けて, ～に対して	
☐	respect	（動）尊敬する	
☐	respective	（形）それぞれの	
☐	respectable	（形）ちゃんとした, まともな	
☐	respectful	（形）敬意に満ちた	
☐	respecting	（前）～に関して	
☐	get into trouble	（熟）問題に巻き込まれる	
☐	sense	（名）感覚, 分別	
☐	sensible	（形）分別がある	
☐	sensitive	（形）敏感な	
☐	sensual	（形）官能的な	
☐	sensational	（形）人騒がせな	
☐	mention	（動）～に言及する, ～に触れる	
☐	thoughtless	（形）思慮のない, 軽率な	
☐	remark	（名）意見	
☐	upset	（形）狼狽して	
☐	credible	（形）信用できる	
☐	assign	（動）割り当てる	
☐	demanding	（形）辛い, 過酷な, 要求の多い	

☐	concentration	（名）集中	

p.106

☐	priceless	（形）大変貴重な	
☐	work of art	（名）芸術作品	
☐	display	（動）展示する	
☐	behind	（前）～の後ろに	
☐	thick	（形）厚い	
☐	pane	（名）窓ガラス	
☐	accurate	（形）正確な	
☐	usually	（副）たいてい	
☐	between A and B	（前）A と B の間	
☐	scarce	（形）欠乏している	
☐	expensive	（形）高価な	
☐	clumsy	（形）不器用な	
☐	handle	（動）扱う	
☐	in ... way	（熟）…な方法で	
☐	awkward	（形）ぎこちない, 不器用な	
☐	equal	（形）同等の, 匹敵する	
☐	be equal to ～	（熟）～に匹敵する	
☐	downtown	（副）中心街で	
☐	it is convenient to[for] 人	（構）人にとって都合がよい	

p.108

☐	widow	（名）未亡人	
☐	the[one's] late ～	（形）故～	
☐	husband	（名）夫	
☐	every reason	（名）十分な理由	
☐	flat refusal	（名）にべもない拒絶	
☐	heavy traffic	（名）激しい交通	
☐	quite[not] a few 可算名詞	（熟）かなり多くの～	
	quite[not] a little 不可算名詞		
☐	lecture	（名）講義	

p.110

☐	crash	（動）衝突する	
☐	supposedly	（副）たぶん	
☐	it is possible (for 人) to V	（構）（人が）V できる	
☐	abolish	（動）廃止する	
☐	poverty	（名）貧困	
☐	liberty	（名）自由	
☐	home	（副）我が家へ, 故郷へ, 帰国へ	
☐	abroad	（副）外国へ	
☐	upstairs	（副）階上へ	
☐	downstairs	（副）階下へ	
☐	delay	（動）遅らせる	
☐	alive	（形）生きて（叙述用法）	
☐	awake	（形）目が覚めて（叙述用法）	
☐	living	（形）生きている（限定用法）	
☐	creature	（名）生物	
☐	affect	（動）影響を及ぼす	
☐	pollution	（名）汚染	
☐	settle	（動）人を定住させる, 解決する	
☐	main	（形）主要な	
☐	mode	（名）方法	
☐	transportation	（名）輸送	

☐	almost all the 〜	(熟) ほとんどの〜
	= almost every 〜	
	= most 〜	

p.112

☐	luckily	(副) 幸運にも
☐	instruction	(名) 指示
☐	there is no sense in Ving	(熟) Vしても無駄である
☐	there is something 形容詞 about 〜	
		(熟) 〜にはどこか…なところがある
☐	strange	(形) 奇妙な
☐	irresolution	(名) 優柔不断
☐	defect	(名) 欠点
☐	character	(名) 性格, 特性

p.114

☐	separate	(形) 離れた, 別々の

▼ 中間テスト② (Lesson 04-06)

p.116-117

☐	frightful	(形) 恐ろしい
☐	shake	(動) 振る, 振り落とす
☐	activity	(名) 活動
☐	approve of 〜	(熟) 〜に賛成する
☐	fair	(形) 公正な
☐	honest	(形) 正直な
☐	master	(動) 習得する
☐	algebra	(名) 代数学
☐	principle	(名) 原理, 主義
☐	physics	(名) 物理学
☐	essential	(形) 不可欠の
		(名) 不可欠な要素
☐	educational	(形) 教育の
☐	opportunity	(名) 機会
☐	come across	(熟) 偶然出会う
☐	on the way home	(熟) 帰宅途中
☐	certainly	(副) きっと
☐	law	(名) 法律
☐	decision	(名) 決定
☐	person	(名) 人物

p.118

☐	efficient	(形) 効率的な, 有能な
☐	rely on 〜	(熟) 〜に頼る
☐	mean	(動) 意味する, 意図する

▼ Lesson 07 名詞・代名詞

p.126-127

☐	avenue	(名) 大通り
☐	withdrawal	(名) 預金の引き出し

p.128

☐	capacity	(名) 収容力, 定員
☐	technology	(名) 科学技術
☐	increase	(動) 増やす
☐	amount	(名) 量
☐	product	(名) 生産物
☐	productivity	(名) 生産性
☐	reservation	(名) 列車やホテル, 劇場
		の座席などの予約

☐	promise	(名) 何か行動を起こす
		場合の約束
☐	appointment	(名) 面会の約束, 医師や
		美容院などの予約
☐	make a reservation	(熟) 予約する
☐	to a ... degree[extent]	(熟) …な程度まで
☐	common	(形) 共通の
☐	religion	(名) 宗教
☐	cancer	(名) ガン
☐	cure	(動) 癒す, 治療する
☐	stage	(名) 病気などの進行段階
☐	guest	(名) ホテルの宿泊客
☐	audience	(名) 公演などの聴衆, テレ
		ビ・ラジオの視聴者
☐	client	(名) 弁護士などへの依頼人
☐	passenger	(名) 乗り物の乗客
☐	customer	(名) 商店などの顧客
☐	spectator	(名) 見物人

p.130

☐	recover	(動) 回復する
☐	be in good spirits	(熟) 上機嫌である
☐	airs	(名) 気取った態度
☐	blame A on B	(熟) AをBのせいにする
	= blame B for A	
☐	instruction	(名) 指令, 説明書, 指示書
☐	supply	(名) 供給
☐	claim	(名) (権利に対しての) 要求, 主張
☐	subject	(名) 主題, 話題, 科目, 主語, 国民
☐	go on Ving	(熟) Vし続ける
☐	politics	(名) 政治学, 政治
☐	earn one's living	(熟) 収入を得る
☐	lend	(動) 貸す
☐	fee	(名) 弁護士, 医者などの専門
		的サービスに対する料金
☐	fare	(名) 運賃
☐	pay	(名) 賃, 給料
☐	charge	(名) 一般的サービスや労働
		などに対する料金
☐	certain	(形) ある, 特別な
☐	safe-deposit box	(名) 貸金庫
☐	investment	(名) 投資
☐	guess	(動) 推測する
☐	somebody	(名) ひとかどの人物
☐	nobody	(名) とるに足りない人物
☐	something	(名) 重要人物, 結構なもの
☐	village	(名) 村

p.132

☐	medicine	(名) 薬
☐	reach	(名) 手の届く範囲,
		(動) 〜に到着する
☐	out of reach of 〜	(熟) 〜の手が届かないところに
☐	within reach of 〜	(熟) 〜の手が届くところに
☐	shout	(動) 叫ぶ
☐	way	(名) 方法, 方向

付録 単語・熟語リスト

☐	effect	(名)	結果, 影響, 効果
☐	to ... effect	(熟)	…な趣旨の
☐	administration	(名)	行政, 管理
☐	citizen	(名)	市民
☐	due	(名)	当然支払われるべきもの
☐	take a break	(熟)	休憩する
☐	take place	(熟)	起こる
☐	especially	(副)	特に
☐	related to ～	(熟)	～に関連した
☐	employment	(名)	雇用
☐	vary	(動)	変わる, 違う
☐	from one ～ to another	(熟)	～によって
☐	one after another	(熟)	次から次へと
☐	A is one thing, B is quite another		
		(構)	AとBは別だ

p.134

☐	another	(形)	もう1つの, もう～
☐	view	(名)	意見, 考え, 光景, 視界
☐	communicate with ～	(熟)	～と通じ合う, ～と理解し合う
☐	each other	(代)	お互い
	= one another		
☐	at any moment	(熟)	いつ何時
☐	look	(名)	空模様, 顔色, 様子
☐	argument	(名)	議論
☐	be different from ～	(熟)	～と異なっている
☐	oppose	(動)	反対する

p.136

☐	attract	(動)	魅了する
☐	tourist	(名)	観光客
☐	scenery	(名)	景色
☐	abundant	(形)	豊富な
☐	tourist spot	(熟)	観光地
☐	thrive	(動)	栄える
☐	rural	(形)	田舎の
☐	explain	(動)	説明する
☐	instinctive	(形)	本能的な, 直感的な
☐	avoidance	(名)	回避
☐	think nothing of ～	(熟)	～を何とも思わない
☐	by oneself	(熟)	1人で, 独力で, 独りでに

p.138

☐	account	(名)	報告, 説明, 会計簿, 預金口座, 考慮, 理由
☐	account for ～	(熟)	～の理由を説明する
☐	it follows that S V	(構)	(当然) SがVすることになる

▼ Lesson 08　前置詞・接続詞

p.140-141

☐	miss	(動)	取り逃す
☐	prize	(名)	賞
☐	regret	(動)	後悔する
☐	kind	(名)	種類
☐	painting	(名)	絵
☐	value	(名)	価値
☐	decision	(名)	決定
☐	relationship	(名)	関係

p.144

☐	judge	(名)	裁判官
☐	finally	(副)	最終的に, ついに
☐	to one's satisfaction	(熟)	～が満足できるように
☐	satisfaction	(名)	満足
☐	experience	(名)	経験
☐	beyond	(前)	～を越えて
☐	in one's car	(熟)	～の車で
☐	by car	(熟)	車で
☐	on Ving	(熟)	Vするとすぐに
☐	shake hands (with ～)	(熟)	(～と) 握手する
☐	civilization	(名)	文明
☐	reduce A to B	(熟)	AをBの状態にする
☐	chaos	(名)	無秩序, 大混乱
☐	under	(前)	～の真下に, ～の支配や影響を受けて
☐	illusion	(名)	幻想, 錯覚
☐	far from ～ [Ving]	(熟)	決して～ない [Vしない]
☐	gentleman	(名)	紳士
☐	highly	(副)	非常に
☐	under construction	(熟)	建設中で
☐	under repair	(熟)	修理中で

p.146

☐	to one's taste	(熟)	～の好みに合った
☐	beside	(前)	～のそばに
☐	besides	(前)	～に加えて,
	= in addition to	(副)	その上, それに加えて
	= in addition		
	= moreover		
	= furthermore		
☐	next to ～	(熟)	～の隣に
☐	all the same	(熟)	にもかかわらず
☐	except	(前)	～を除いて
☐	therefore	(副)	それゆえに
☐	as to ～	(熟)	～に関して
☐	depend on A for B	(熟)	AにBを頼る
☐	livelihood	(名)	生計
☐	rapid	(形)	迅速な
☐	be above Ving	(熟)	Vすることなどしない, Vすることを恥じている

p.148

☐	authority	(名)	大家, 権威, 権力, 影響力
☐	authority on ～	(熟)	～の大家, 権威
☐	in	(前)	～たったら
☐	second	(名)	秒
☐	since S V	(接)	SがVして以来, SがVするので
☐	once S V	(接)	いったんSがVすると
☐	while S V	(接)	SがVする間, SがVする一方で
☐	as[so] long as S V	(接)	SがVする限り (条件)
☐	grade	(名)	等級, 成績
☐	as[so] far as S V	(接)	SがVする限り (程度・距離)

☐ however 形容詞[副詞] S (may) V	(構)	どんなに…にSがVしようとも (譲歩)
☐ provided[providing] (that) S V	(接)	もしもSがVするならば
☐ unless S V	(接)	SがVしないならば
☐ unlike	(前)	～と違って
☐ generation	(名)	世代
☐ regarding	(前)	～に関して
☐ in that S V	(接)	SがVする点で
☐ express	(動)	表現する
☐ clearly	(副)	はっきりと
☐ as S V	(接)	SがVするので(理由), とき(時), ように(様態), につれて(比例), けれども(譲歩)

p.150

☐ grab	(動)	つかむ
☐ so that	(接)	…… するために(目的), だから……(結果)
☐ lest S should V	(構)	SがVしないように
= for fear (that) S should V		
= so that S will not V		
☐ even if S V	(接)	たとえSがVしても
☐ surprised	(形)	驚いた
☐ by	(前)	～までに(…してしまう)(完了)
☐ huge	(形)	巨大な
☐ till[until]	(前)	～まで(ずっと…している)(継続)
☐ because S V	(接)	SがVするからといって

p.152

☐ plague	(名)	疫病, 伝染病
☐ prevail	(動)	広まる, 流行する
☐ conference	(名)	会議
☐ send in ～	(熟)	～を提出する
☐ application	(名)	申込み書
☐ with 名詞 補語	(構)	名詞を…な状態にして
☐ a = per	(前)	～につき
☐ poet	(名)	詩人
☐ over	(前)	～しながら
☐ ..... for, S V	(接)	…… というのもSがVするからだ

p.154

☐ all the way	(熟)	ずっと, はるばる
☐ now that S V	(構)	今やSがVするのだから
☐ grown-up	(名)	大人
☐ be dependent on ～	(熟)	～に頼る
☐ so that S may[will, can] V	(構)	SがVするように

▼ Lesson 09　その他

p.156-157

☐ mind	(名)	心, 考え
☐ evaluation	(名)	評価
☐ questionnaire	(名)	質問事項, アンケート
☐ die	(動)	死ぬ

p.158-159

☐ There is no way S V	(構)	SがVするはずはない

☐ decline	(名)	減少
☐ regular	(形)	定期的な

p.160

☐ fable	(名)	寓話
☐ favorite	(形)	お気に入りの
☐ not A but B	(構)	AではなくB
☐ digest	(動)	消化する
☐ the stock market	(名)	株式市場
☐ share-index	(名)	株式指数
☐ rise	(動)	上がる
☐ sharply	(副)	鋭く, ひどく
☐ too 形容詞 a 名詞	(熟)	…すぎる～
☐ such a 形容詞 名詞	(熟)	とても…な～
☐ task	(名)	仕事
☐ wall	(名)	壁

p.162

☐ so ... that S V	(構)	とても…なのでSはVする
☐ pleasure	(名)	楽しみ, 喜び
☐ disappointment	(名)	失望
☐ burst into ～	(熟)	突然～し始める
= burst out Ving		
☐ ～ is such that S V	(構)	～はSがVするほどのものである
= such is ～ that S V		
☐ come what may	(熟)	どんなことがあろうとも
= whatever may happen		
☐ stick to ～	(熟)	～に固執する, ～を貫き通す
☐ believe it or not	(熟)	信じようと信じまいと
☐ farewell	(形)	別れの

p.164

☐ more than ～	(熟)	～より多くの
☐ more than one	(熟)	2つ(人)以上の, 複数の
☐ historian	(名)	歴史家
☐ charismatic	(形)	カリスマ的な
☐ informal	(形)	非公式の, ふだん着の, 気軽な
☐ don't have to V	(助)	Vする必要はない
= need not V		
= don't need to V		
☐ must not	(助)	…… してはならない(禁止)
☐ may[might] as well V	(構)	Vした方がよい
☐ may[might] as well V₁ as V₂	(構)	V₂するくらいならV₁した方がましだ
☐ cannot have Vpp	(助)	Vしたはずがない
= could not have Vpp		
☐ should have Vpp	(助)	Vすべきだったのに,
= ought to have Vpp	(助)	Vしてしまっているはずだ
☐ permission	(名)	許可
☐ May S V !	(構)	SがVしますように

p.166

☐ How dare S V ![?]	(構)	よくもまあ, SはVできるものだ。
☐ die of ～	(熟)	～(直接的な原因)で死ぬ
☐ how 形容詞[副詞]	(構)	なんと…
☐ awful	(形)	恐ろしい
☐ elect O C	(動)	OをCに選出する

付録　単語・熟語リスト

204

☐	grow up	(熟)	育つ, 成長する
☐	unique	(形)	唯一の, 独特な
☐	pay ～ back	(熟)	～に借りた物を返す
☐	terrible	(形)	猛烈な, 恐ろしい
☐	be admitted to ～	(熟)	～に入ることを許可される
☐	return	(動)	戻す
☐	on time	(熟)	定刻に, 時間通りに
☐	vase	(名)	花瓶
☐	leave ～ as it is	(熟)	～をそのままにしておく

p.190

☐	dotted line	(名)	点線
☐	jail	(名)	刑務所
☐	arrest	(動)	逮捕する
☐	offense	(名)	犯罪
☐	induce ～ to V	(熟)	～を V する気にさせる
☐	matter	(動)	重要である
☐	make the best of ～	(熟)	～を（せいぜい）最大限に利用する
☐	sudden	(形)	突然の
☐	study abroad	(熟)	留学する

MEMO

MEMO

大学受験　レベル別問題集シリーズ

英文法レベル別問題集⑤ 上級編【３訂版】

発行日：2024年　　6月 25日　　初版発行

著者：**安河内哲也**

発行者：**永瀬昭幸**

編集担当：山村帆南

発行所：**株式会社ナガセ**

〒180-0003 東京都武蔵野市吉祥寺南町 1-29-2
出版事業部（東進ブックス）
TEL：0422-70-7456 ／ FAX：0422-70-7457
URL：http://www.toshin.com/books（東進 WEB 書店）
※本書を含む東進ブックスの最新情報は東進WEB書店をご覧ください。

制作協力：株式会社ティーシーシー（江口里菜）
編集主幹：木下千尋
校閲協力：松本六花　　湯本実果里　　吉田美涼
DTP・装丁：東進ブックス編集部
印刷・製本：日経印刷株式会社

合格の秘訣1 全国屈指の実力講師陣

東進の実力講師陣 数多くのベストセラー参考書を執筆!!

東進ハイスクール・
東進衛星予備校では、
そうそうたる講師陣が君を熱く指導する!

　本気で実力をつけたいと思うなら、やはり根本から理解させてくれる一流講師の授業を受けることが大切です。東進の講師は、日本全国から選りすぐられた大学受験のプロフェッショナル。何万人もの受験生を志望校合格へ導いてきたエキスパート達です。

英語

本物の英語力をとことん楽しく!日本の英語教育をリードするMr.4Skills.

安河内 哲也先生
[英語]

100万人を魅了した予備校界のカリスマ。抱腹絶倒の名講義を見逃すな!

今井 宏先生
[英語]

爆笑と感動の世界へようこそ。「スーパー速読法」で難解な長文も速読即解!

渡辺 勝彦先生
[英語]

雑誌『TIME』やベストセラーの翻訳も手掛け、英語界でその名を馳せる実力講師。

宮崎 尊先生
[英語]

いつのまにか英語を得意科目にしてしまう、情熱あふれる絶品授業!

大岩 秀樹先生
[英語]

全世界の上位5%(PassA)に輝く、世界基準のスーパー実力講師!

武藤 一也先生
[英語]

関西の実力講師が、全国の東進生に「わかる」感動を伝授。

慎 一之先生
[英語]

数学

数学を本質から理解し、あらゆる問題に対応できる力を与える珠玉の名講義!

志田 晶先生
[数学]

論理力と思考力を鍛え、問題解決力を養成。多数の東大合格者を輩出!

青木 純二先生
[数学]

「ワカル」を「デキル」に変える新しい数学は、君の思考力を刺激し、数学のイメージを覆す!

松田 聡平先生
[数学]

明快かつ緻密な講義が、君の「自立した数学力」を養成する!

寺田 英智先生
[数学]

付録 1

国語

「脱・字面読み」トレーニングで、「読む力」を根本から改革する！

興水 淳一先生
[現代文]

明快な構造板書と豊富な具体例で必ず君を納得させる！「本物」を伝える現代文の新説。

西原 剛先生
[現代文]

東大・難関大志望者から絶大なる信頼を得る本質の指導を追究。

栗原 隆先生
[古文]

ビジュアル解説で古文を簡単明快に解き明かす実力講師。

富井 健二先生
[古文]

縦横無尽の知識に裏打ちされた立体的な授業に、グングン引き込まれる！

三羽 邦美先生
[古文・漢文]

幅広い教養と明解な具体例を駆使した緩急自在の講義。漢文が身近になる！

寺師 貴憲先生
[漢文]

小論文、総合型、学校推薦型選抜のスペシャリストが、君の学問センスを磨き、執筆プロセスを直伝！

正司 光範先生
[小論文]

文章で自分を表現できれば、受験も人生も成功できます。「笑顔と努力」で合格を！

石関 直子先生
[小論文]

理科

正しい道具の使い方で、難問が驚くほどシンプルに見えてくる！

宮内 舞子先生
[物理]

化学現象を疑い化学全体を見通す"伝説の講義"は東大理三合格者が絶賛。

鎌田 真彰先生
[化学]

「なぜ」をとことん追究し「規則性」「法則性」が見えてくる大人気の授業。

立脇 香奈先生
[化学]

「いきもの」をこよなく愛する心が君の探究心を引き出す！生物の達人。

飯田 高明先生
[生物]

地歴公民

歴史の本質に迫る授業と、入試頻出の「表解板書」で圧倒的な信頼を得る！

金谷 俊一郎先生
[日本史]

つねに生徒と同じ目線に立って、入試問題に対する的確な思考法を教えてくれる。

井之上 勇先生
[日本史]

"受験世界史に荒巻あり"と言われる超実力人気講師！世界史の醍醐味を。

荒巻 豊志先生
[世界史]

世界史を「暗記」科目だなんて言わせない。正しく理解すれば必ず伸びることを一緒に体感しよう。

加藤 和樹先生
[世界史]

どんな複雑な歴史も難問も、シンプルな解説で本質から徹底理解できる。

清水 裕子先生
[世界史]

わかりやすい図解と統計の説明に定評。

山岡 信幸先生
[地理]

政治と経済のメカニズムを論理的に解明しながら、入試頻出ポイントを明確に示す。

清水 雅博先生
[公民]

「今」を知ることは「未来」の扉を開くこと。受験に留まらず、目標を高く、そして強く持て！

執行 康弘先生
[公民]

合格の秘訣2 ココが違う 東進の指導

01 人にしかできないやる気を引き出す指導

夢と志は志望校合格への原動力！

夢・志を育む指導

東進では、将来を考えるイベントを毎月実施しています。夢・志は大学受験のその先を見据える、学習のモチベーションとなります。仲間とワクワクしながら将来の夢・志を考え、さらに志を言葉で表現していく機会を提供します。

一人ひとりを大切に君を個別にサポート

担任指導

東進が持つ豊富なデータに基づき君だけの合格設計図をともに考えます。熱誠指導でどんな時でも君のやる気を引き出します。

受験は団体戦！仲間と努力を楽しめる

チーム制

東進ではチームミーティングを実施しています。週に1度学習の進捗報告や将来の夢・目標について語り合う場です。一人じゃないから楽しく頑張れます。

現役合格者の声

東京大学 文科一類
中村 誠雄くん
東京都 私立 駒場東邦高校卒

林修先生の現代文記述・論述トレーニングは非常に良質で、大いに受講する価値があると感じました。また、担任指導やチームミーティングは心の支えでした。現状を共有でき、話せる相手がいることは、東進ならではで、受験という本来孤独な闘いにおける強みだと思います。

02 人間には不可能なことをAIが可能に

学力×志望校 一人ひとりに最適な演習をAIが提案！

AI演習

東進のAI演習講座は2017年から開講していて、のべ100万人以上の卒業生の、200億題にもおよぶ学習履歴や成績、合否等のビッグデータと、各大学入試を徹底的に分析した結果等の教務情報をもとに年々その精度が上がっています。2024年には全学年にAI演習講座が開講します。

■AI演習講座ラインアップ

高3生 苦手克服＆得点力を徹底強化！
「志望校別単元ジャンル演習講座」
「第一志望校対策演習講座」
「最難関4大学特別演習講座」

高2生 大学入試の定石を身につける！
「個人別定石問題演習講座」

高1生 素早く、深く基礎を理解！
「個人別基礎定着問題演習講座」 【2024年夏 新規開講】

現役合格者の声

千葉大学 医学部医学科
寺嶋 怜旺くん
千葉県立 船橋高校卒

高1の春に入学しました。野球部と両立しながら早くから勉強をする習慣がついていたことは僕が合格した要因の一つです。「志望校別単元ジャンル演習講座」は、AIが僕の苦手を分析し、最適な問題演習セットを提示してくれるため、集中的に弱点を克服することができました。

03 本当に学力を伸ばすこだわり

楽しい！わかりやすい！そんな講師が勢揃い

実力講師陣

わかりやすいのは当たり前！おもしろくてやる気の出る授業を約束します。1・5倍速×集中講義の高速学習。そして、12レベルに細分化された授業を組み合わせ、スモールステップで学力を伸ばす君だけのカリキュラムをつくります。

英単語1800語を最短1週間で修得！

高速マスター

基礎・基本を短期間で一気に身につける「高速マスター基礎力養成講座」を設置しています。オンラインで楽しく効率よく取り組めます。

本番レベル・スピード返却学力を伸ばす模試

東進模試

常に本番レベルの厳正実施。合格のために何をすべきか点数でわかります。WEBを活用し、最短中3日の成績表スピード返却を実施しています。

パーフェクトマスターのしくみ

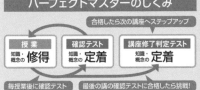

合格したら次の講座へステップアップ

授業 知識・概念の **修得**	確認テスト 知識・概念の **定着**	講座修了判定テスト 知識・概念の **定着**

毎授業後に確認テスト　　最後の講の確認テストに合格したら挑戦！

現役合格者の声

早稲田大学 基幹理工学部
津行 陽奈さん
神奈川県 私立 横浜雙葉高校卒

私が受験において大切だと感じたのは、長期的な積み重ねです。基礎力をつけるために「高速マスター基礎力養成講座」や授業後の「確認テスト」を満点にすること、模試の復習などを積み重ねていくことでどんどん合格に近づき合格することができたと思っています。

ついに登場！ 君の高校の進度に合わせて学習し、定期テストで高得点を取る！ 高等学校対応コース

目指せ！「定期テスト」**20点アップ！**「先取り」で学校の勉強がよくわかる！

楽しく、集中が続く、授業の流れ

1. 導入

授業の冒頭では、講師と担任助手の先生が今回扱う内容を紹介します。

2. 授業

約15分の授業でポイントをわかりやすく伝えます。要点はテロップでも表示されるので、ポイントがよくわかります。

3. まとめ

授業が終わったら、次は確認テスト。その前に、授業のポイントをおさらいします。

2024年 東進現役合格実績
受験を突破する力は未来を切り拓く力!

現役生のみ! 講習生を含みます!

東大 現役合格 実績日本一[※1] 6年連続800名超!

※1 2023年東大現役合格実績をホームページ・パンフレット・チラシ等で公表している予備校の中で最大〈2023年JDnet調べ〉。

東大834名

文科一類	118名	理科一類	300名
文科二類	115名	理科二類	121名
文科三類	113名	理科三類	42名
学校推薦型選抜 25名			

現役合格者の36.5%が東進生!

東進生 現役占有率 834/2,284

36.5%

全現役合格者に占める東進生の割合
2024年の東大全体の現役合格者は2,284名。東進の現役合格者は834名。東進生の占有率は36.5%。現役合格者の2.8人に1人が東進生です。

東京大学 現役合格おめでとう‼

学校推薦型選抜も東進!
東大25名
学校推薦型選抜
推薦入試で 東進生 現役占有率
現役合格者の27.7%が東進生! 27.7%

法学部	4名	工学部	8名
経済学部	1名	理学部	4名
文学部	1名	薬学部	2名
教育学部	1名	医学部医学科	1名
教養学部	3名		

京大493名 昨対+21名

493名 史上最高![※2]
現役生のみ!講習生を含みます。
'22 '23 '24 468名 472名

総合人間学部	23名	医学部人間健康科学科	20名
文学部	37名	薬学部	14名
教育学部	10名	工学部	161名
法学部	56名	農学部	43名
経済学部	49名	特色入試 (上記に含む)	24名
理学部	52名		
医学部医学科	28名		

早慶5,980名 昨対+239名

5,980名 史上最高![※2]
現役生のみ!講習生を含みます。
'22 '23 '24 5,678名 5,741名

早稲田大 3,582名 史上最高![※2]		慶應義塾大 2,398名 史上最高![※2]	
政治経済学部	472名	法学部	290名
法学部	354名	経済学部	368名
商学部	297名	商学部	487名
文化構想学部	276名	理工学部	576名
理工3学部	752名	医学部	39名
他	1,431名	他	638名

医学部医学科 1,800名 昨対+9名

1,800名 史上最高![※2]
現役生のみ!講習生を含みます。
'22 '23 '24 1,658名 1,791名

国公立医・医	1,033名	防衛医科大学校を含む
私立医・医	767名	史上最高![※2]

国公立医・医1,033名 防衛医科大学校を含む

東京大	43名	名古屋大	28名	筑波大	21名	横浜市立大	14名	神戸大	30名
京都大	28名	大阪大	23名	千葉大	25名	浜松医科大	19名	その他	
北海道大	13名	九州大	23名	東京医科歯科大	16名	大阪公立大	12名	国公立医	700名
東北大	28名								

私立医・医 767名 昨対+40名 史上最高![※2]

自治医大	2名	慶應義塾大	39名	東京慈恵会医科大	39名	関西医科大	49名	その他	
国際医療福祉大	80名	順天堂大	52名	日本医科大	32名			私立医・医	443名

旧七帝大 +東工大・一橋大・神戸大 4,599名

東京大	834名	東北大	389名	九州大	487名	一橋大	219名
京都大	493名	名古屋大	379名	東京工業大	219名	神戸大	483名
北海道大	450名	大阪大	646名				

上理明青立法中21,018名

上智大	1,605名	青山学院大	2,154名	法政大	3,833名
東京理科大	2,892名	立教大	2,730名	中央大	2,855名
明治大	4,949名				

国公立大16,320名

※2 史上最高…東進のこれまでの実績の中で最大。

国公立 総合・学校推薦型選抜も東進!
旧七帝大 +東工大・一橋大・神戸大 434名

東京大	25名	大阪大	57名
京都大	24名	九州大	38名
北海道大	24名	東京工業大	30名
東北大	119名	一橋大	10名
名古屋大	65名	神戸大	42名

国公立医・医 319名
国公立大学の総合型・学校推薦型選抜の合格実績は、指定校推薦を除く、早稲田塾を含む東進ハイスクール・東進衛星予備校の現役生のみの合同実績です。

関関同立13,491名

関西学院大	3,139名	同志社大	3,099名	立命館大	4,477名
関西大	2,776名				

日東駒専9,582名

日本大	3,560名	東洋大	3,575名	駒澤大	1,070名	専修大	1,377名

産近甲龍6,085名

京都産業大	614名	近畿大	3,686名	甲南大	669名	龍谷大	1,116名

ウェブサイトでもっと詳しく 東進 🔍検索

各大学の合格実績は、東進ネットワーク（東進ハイスクール、東進衛星予備校、早稲田塾）の現役生のみ、高3時在籍者のみの合同実績です。一人で複数合格した場合は、それぞれの合格者数に計上しています。